MARCO POLO

Slowakei

Reisen mit **Insider Tipps**

W0084655

Diesen Führer schrieb Christoph Hofer.
Schon während seines Slawistikstudiums
beschäftigte er sich mit der Slowakei, die
er seitdem immer wieder bereist.

www.marcopolo.de

Infos zu den beliebtesten Reisezielen
im Internet, siehe auch Seite 108

MAIRS GEOGRAPHISCHER VERLAG

SYMBOLE

 MARCO POLO INSIDER-TIPPS:
Von unserem Autor für Sie entdeckt

 MARCO POLO HIGHLIGHTS:
Alles, was Sie in der Slowakei kennen sollten

 HIER HABEN SIE EINE SCHÖNE AUSSICHT

WO SIE JUNGE LEUTE TREFFEN

PREISKATEGORIEN

Hotels	
€€€	über 75 Euro
€€	45–75 Euro
€	unter 45 Euro

Die Preise gelten für zwei Personen im Doppelzimmer mit Frühstück pro Nacht.

Restaurants	
€€€	über 12 Euro
€€	6–12 Euro
€	unter 6 Euro

Die Preise gelten für ein Essen mit Vor-, Haupt- und Nachspeise inklusive ein Getränk.

KARTEN

[118 A1] Seitenzahlen und Koordinaten für den Reiseatlas Slowakei

[0] außerhalb des Kartenausschnitts

Karten von Bratislava, Banská Bystrica, Košice und Trnava finden Sie im hinteren Umschlag.

Zu Ihrer Orientierung sind auch die Orte mit Koordinaten versehen, die nicht im Reiseatlas eingetragen sind.

GUT ZU WISSEN

INHALT

Die wichtigsten
MARCO POLO Highlights

Sehenswürdigkeiten, Orte und Erlebnisse, die Sie nicht verpassen sollten

 Jánošík-Tage
Das große Folklorefest erinnert an den »Robin Hood der Karpaten« (Seite 25)

 Burgruine Devín
Ruinen bilden das Fundament des slowakischen Nationalbewusstseins (Seite 35)

 Červený kameň
Wunderbar erhaltene Burganlage in den Kleinen Karpaten mit beeindruckenden Kellergewölben (Seite 36)

 Slovenský Grob
Nicht nur ausländische Staatsmänner geben sich hier zum Gansessen die Klinke in die Hand (Seite 39)

 Piešťany
Erholung in den Thermalbädern des traditionsreichen Kurorts (Seite 46)

 Burg Trenčín
Wahrzeichen mit traumhaftem Ausblick über das Waagtal (Seite 49)

 Floßfahrt auf dem Dunajec
Lassen Sie sich am Grenzfluss zu Polen von singenden »Gondolieri« den Dunajec hinabfahren (Seite 56)

St.-Elisabeth-Dom in Košice

Märchenschloss Bojnice

 Demänova-Höhlen
Zwei der schönsten Höhlen
des Landes (Eis und Tropfstein)
gleich nebeneinander in der
Niederen Tatra (Seite 62)

 Museumsdorf Vlkolínec
Ein traditionelles Bauerndorf
wird Teil des Weltkulturerbes
(Seite 63)

 Bojnice
Verkleidete Märchenfeen
und kostümierte Unholde
im romantischsten der
slowakischen Schlösser
(Seite 67)

 Banská Štiavnica
Die Unesco schützt seit 1993
Gebäude und Einrichtungen
des ältesten slowakischen
Bergbaureviers (Seite 74)

 Artikularkirche
Protestantisches Understate-
ment von außen – im Innern
der Holzkirche in Kežmarok
eröffnet sich katholische
Barockpracht (Seite 80)

Floßfahrt auf dem Dunajec

 St.-Elisabeth-Dom
Das östlichste Gotteshaus im
Stil europäischer Hochgotik
steht in Košice (Seite 82)

 Apostel-Altar
Ein gotischer Superlativ von
Meister Paul aus Levoča in der
dortigen St.-Jakob-Kirche
(Seite 87)

 Zipser Burg
Eine der größten
Burganlagen Europas
zum Erkunden und
Ins-Land-Schauen
(Seite 89)

 Die Highlights sind in der Karte auf dem hinteren Umschlag eingetragen

Entdecken Sie die Slowakei!

In Europas Mitte zu Unrecht vergessen: der junge Staat mit traditionsreicher Geschichte und malerischen Naturschönheiten

Beim Stichwort Slowakei geraten die meisten Westeuropäer immer noch ins Grübeln. War das nun ein Bestandteil Jugoslawiens oder der früheren Tschechoslowakei? In jedem Fall ist die Slowakei immer noch eines der unbekanntesten Länder in der Mitte Europas, das man im Übrigen »weit im Osten« vermutet. Dabei ist sie selbst für deutsche Nordlichter in einer Tagesreise zu erreichen und hat als Urlaubs- und Reiseland auch abseits der Hauptstadt Bratislava und der Hohen Tatra, dem touristischen Aushängeschild, viel zu bieten. Die Slowakei ist ein kompaktes, überschaubares Reiseziel, von dem man sich auch in wenigen Tagen einen Eindruck verschaffen kann. Berge – von sanften Hügeln bis zu steilen Felswänden – bestimmen das Landschaftsbild. Schon in der Hauptstadt beginnen die Karpaten; sie heißen hier Kleine Karpaten und werden weiter nördlich von den Weißen Karpaten und anderen Höhenzügen abgelöst, die sie mit den Beskiden an der polnischen Grenze verbin-

Roter Mohn am Wegesrand

den. Im Norden zieht sich die Hohe Tatra mit etlichen Gipfeln, die über 2600 m hinausragen, nordostwärts. Ihr gegenüber liegen die etwas flachere Niedere Tatra und westlich davon die weitgehend unbekannte West-Tatra sowie die Kleine Fatra, die von Žilina aus gut zugänglich ist. Südöstlich schließt sich an das Tatra-Massiv die bizarre Landschaft des slowakischen Karsts an, der im oberen Teil verheißungsvoll Slowakisches Paradies genannt wird. Im Herzen des Landes komplettieren die erzhaltigen Mittelgebirge das Gebirgspanorama der Slowakei.

Eine ganz andere, lieblichere Landschaft präsentieren das untere, breite Tal der hier behäbig dahinfließenden Waag (Váh) und der schmale Streifen der Donauebene ganz im Süden. Hier geht es auf

Nichts für schwache Nerven: der Thomas-Ausblick im Slowakischen Paradies

Geschichtstabelle

5.–6. Jh. n. Chr. Slawische Stämme besiedeln das heutige Gebiet der Slowakei

625–658 Ein erster Stammesverband unter Führung des fränkischen Kaufmanns Samo entsteht

833 Unter Fürst Mojmír wird das Gebiet der Slowakei Teil des Großmährischen Reiches

907 Die Magyaren zerschlagen das Großmährische Reich

1001 Stefan I. begründet als ungarischer König die Monarchie. Die Slowakei ist als Oberungarn der nördliche Teil Ungarns

1526 Niederlage der Magyaren gegen die Osmanen, die den Südteil des Landes besetzen. Die Habsburger gelangen zur Macht und stellen bis 1918 die Könige in Ungarn. Hauptstadt wird Pozsony, das heutige Bratislava

17./18. Jh. Die rigide Gegenreformation der Habsburger provoziert ungarische Adelige zu nationalen Aufständen

1848/49 Kampf der slowakischen Eliten um nationale Selbstbestimmung

1867 Österreichisch-ungarischer Staatsausgleich; die k.u.k.-Monarchie entsteht. Die Slowaken haben unter verstärkter Magyarisierung zu leiden

1918 Gründung der ersten Tschechoslowakischen Republik

1939–45 Mit Hilfe Hitlers regiert Jozef Tiso den klero-faschistischen Slowakischen Staat

1945 Die Tschechoslowakische Republik wird erneuert

Februar 1948 Kommunistische Machtübernahme

1968 Die Reformbewegung des »Prager Frühlings« wird von sowjetischen Truppen niedergeschlagen

1969–89 Die Zeit der »Normalisierung« bringt eine gesellschaftspolitische Eiszeit

1989 Die liberale Perestrojka-Politik der Sowjetunion führt auch bei Tschechen und Slowaken zur »Samtenen Revolution« und zur Auflösung des sozialistischen Regimes

1993 Friedliche Abspaltung aus dem Verbund mit den Tschechen; die Slowakische Republik wird selbstständiges Mitglied in der UNO und im Europarat

1998 Der populistische Autokrat Mečiar wird von einer bürgerlich-sozialdemokratischen Koalition unter Mikuláš Dzurinda abgelöst

2002 Dzurinda wird für eine weitere Amtszeit bestätigt

2004 Beitritt zur EU

den Landstraßen zwischen Feldern, Wiesen und Hainen sehr eben dahin. Mohnblumen im Getreide, lange Reihen von Obstbäumen am Wegesrand und Storchennester – eine ländliche Idylle, die nostalgische Gefühle weckt.

In Ost-West-Richtung erstreckt sich die Slowakei von der Ukraine bis nach Österreich. Die längste Grenze trennt das Land von Ungarn, mit dem es eine fast tausendjährige Geschichte verbindet. Weitere Nachbarn sind Polen und die einstige »Brudernation« Tschechien. Auf einem mit der Schweiz vergleichbaren Staatsgebiet leben etwa 5,5 Mio. Menschen. Die größte Entfernung von West nach Ost lässt sich in etwa sechs Autostunden bewältigen. Sie können also in Bratislava mittags aufbrechen, um zum Abendessen in Košice, der zweitgrößten Stadt des Landes, zu sein. Von den schneebedeckten Gipfeln der Hohen Tatra bis zur alten, von ungarischer Lebensart geprägten Festungsstadt Komárno an der Donau dauert die Fahrt gerade mal vier Stunden.

Das Klima der Slowakei ist geprägt von kalten Wintern und heißen Sommern. Was die beste Reisezeit ist, hängt von Ihren sportlichen Vorlieben ab. Von Dezember bis März bietet die Nordslowakei beste Bedingungen für Wintersport. Für die schneefreie Zeit gilt: je nördlicher das Zielgebiet, desto kürzer der Sommer, der aber auch hier ordentlich heiß sein kann. Die liebste Freizeitbeschäftigung der Slowaken ist das Wandern in ihrer wunderbaren Natur, die sie mit insgesamt neun Nationalparks schützen. Extrembergsteiger, Radler und Mountainbiker sind willkommen, wenn sie sich an die Schutzbestimmungen halten. Doch natürlich gibt es auch hier widerstreitende Interessen: Nicht selten kämpfen Tourismusmanager und Naturschützer

> *Ideale Reviere fürs Wandern und Skifahren*

Südländisches Flair auf dem Hauptplatz von Košice

hartnäckig um die Nutzung attraktiver Gebiete. Alles in allem ist die Slowakei touristisch gut bis sehr gut erschlossen. Seit der politischen Wende wurden die meisten staatlichen Hotels und Gastronomiebetriebe privatisiert, und laufend entstehen weitere kleine Hotels und Pensionen. Denn die Slowaken mögen es gemütlich – dazu gehört in den Hotels und Restaurants der Bergregionen vor allem ein Kamin in der guten Stube.

Thermalquellen und Karsthöhlen

Das zweitliebste Freizeitvergnügen des Bergvolks der Slowaken ist das Baden – vorzugsweise in angenehm warmem Thermalwasser. Und dazu haben auch Reisende in fast jedem Winkel des Landes Gelegenheit. Berühmte Kurstädte mit heilenden Thermalquellen sind Piešťany, Trenčianske Teplice und Bardejovské Kúpele, wo sich zunehmend wieder ausländische Kur- und Wellnessgäste treffen. Auch in der Tatra, in den Mittelgebirgen und in der Donauebene können Sie in wohl temperierten Bassins plantschen. Mit den

Thermalquellen hängt ein weiteres Charakteristikum der Slowakei zusammen: der Reichtum an Höhlen. In jeder Landesregion gibt es bizarre Tropfsteingebilde zu bestaunen. Durch dunkle Gänge gelangen die Besucher in Hohlräume, die unterirdischen Tanzsälen gleichen.

Ist die Natur vielfach noch ursprünglich, so kann man der das Land einst prägenden bäuerlichen Kultur fast nur noch in Freilichtmuseen nachspüren. Das dafür aber ausgiebig, denn durch die zahlreichen Gebirgszüge bildeten sich viele Mikroregionen mit jeweils unterschiedlichen Baustilen aus, denen in den Museumsdörfern des Landes detailreich Rechnung getragen wird.

Auch wer sich eher für Kunst und Geschichte des bis 1918 nur als »Oberungarn« bekannten Landes interessiert, wird nicht enttäuscht. Dreh- und Angelpunkt ist Bratislava. Die gerade mal 60 km von Wien entfernte Hauptstadt zeichnet ein vertrautes Bild: die Ku-

Slowakisch

Kleiner Exkurs zur Landessprache

Slowakisch ist die Landessprache, und auf eine Verwechslung mit dem Tschechischen reagiert man im Allgemeinen empfindlich, auch wenn sich die beiden Nationen zumindest rein sprachlich am besten verstehen. Linguistisch ist Slowakisch eine eigenständige Sprache. Äußere Kennzeichen: Sie hat einen gleichmäßigeren Rhythmus und ist voll klingender als das Tschechische, hat weniger Zischlaute als das Polnische und klingt viel weicher als Kroatisch oder Serbisch. Deutsch und Englisch sind heute die am häufigsten gesprochenen Fremdsprachen, mit denen Sie sich (mehr oder weniger gut) verständigen können.

Farbenspiel in Blau und Grau: Bergsee in der Hohen Tatra

lisse der Altstadt ist die einer mittleren österreichischen Stadt, mit viel Gesims, Erkern und prächtigen Portalen. An den Fassaden blitzt das slowakische Temperament mitunter in kräftigen Bonbonfarben auf. Im Übrigen ist das Treiben der Menschen ostmitteleuropäisch gemächlich. Hetze und Hektik werden eher als Zeichen von Betriebsamkeit nach außen demonstriert, als dass sie das Leben tatsächlich beherrschen. Das Leben wird gern südländisch gelassen angepackt. Davon zeugen nicht zuletzt abends die vielen Flaneure, Café- und Kneipenbesucher. Man liebt es, sich in der Stadt zu verabreden, zumeist am *Korzo* (Korso), wie ihn auch die Italiener kennen. Ausgehen, sich amüsieren ist den Slowaken trotz

» Südländische Gelassenheit «

wirtschaftlich nicht einfacher Zeiten ein Bedürfnis. Das kulturelle Leben in Bratislava und anderen Zentren wie Banská Bystrica oder Košice ist rege, zuweilen erstaunlich vielfältig und experimentierfreudig. Die Importe aus der US-Unterhaltungsindustrie sind zwar allgegenwärtig, doch es fehlt nicht an selbstbewussten eigenen Kreationen in Pop und Jazz sowie in Film und Theater, ganz zu schweigen von einer produktiven Literatur- und Kunstszene. Die Slowaken besitzen einen ganz eigenen Humor, der bodenständig-direkt daherkommt. Neben derben Tönen ist aber auch viel Menschlichkeit darin enthalten, die Sie auch als Besucher erleben werden – ebenso wie eine herzliche Gastfreundschaft.

Berge, Bäder, Burgen

Das Land hat große Kulturschätze und eine herrliche Natur zu bieten. Die Gesellschaft befindet sich noch immer im Umbruch

Artikularkirchen

In der Zeit der Gegenreformation sollte der Protestantismus eingedämmt werden. Den Glaubensabweichlern wurde das Leben schwer gemacht, indem sie ihre Kirchen nur nach bestimmten Grundsätzen, den so genannten Artikeln (daher die Bezeichnung Artikularkirchen) eines Reichstagsbeschlusses bauen durften: außerhalb der Stadtmauer, nur aus Holz und ohne Verwendung von Nägeln. So entstanden wunderbare hölzerne Gotteshäuser, die heute zu den Touristenattraktionen zählen. Das Schönste steht in Kežmarok.

Bevölkerung

Sehr spät und unter Mühen zur Nation geworden, kehrt die slowakische Bevölkerung ihr Nationalbewusstsein manchmal etwas zu beflissen hervor. Dabei könnte gerade sie in einem sich vereinenden Europa auf die lange Tradition friedlicher Völker-Koexistenz hinweisen und darauf stolz sein! Von den etwa 5,5 Mio. Einwohnern gehören 14,4 Prozent zu einer der Minderheiten.

Klein, aber fein: traditionelles Haus im Freilichtmuseum Vlkolínec

Die größte bilden die Ungarn mit 10,6 Prozent; sie konzentrieren sich in den südlichen Landesteilen, wo es erst seit dem Friedensvertrag von 1918 eine Staatsgrenze gibt. Die Roma scheinen mit der statistisch ermittelten Zahl von 1,4 Prozent eine verschwindend kleine Volksgruppe zu bilden. Ihr tatsächlicher Anteil an der Bevölkerung wird jedoch auf 4,8 Prozent geschätzt. Sie gehören vielfach zu den Verlierern der slowakischen Gesellschaft – sie haben z. B. die höchsten Arbeitslosenquoten –, auch wenn inzwischen Integrationsmaßnahmen durchgeführt werden. Neben den ungarischen im Süden finden sich zweisprachige Ortsschilder auch im Osten. Hier lebt die ruthenische Minderheit (0,6 Prozent). Die einst besonders in den westslowakischen Städten sowie in der Zips und den mittelslowakischen Bergbaustädten ansässigen Deutschen kommen heute nur noch auf 0,1 Prozent. Sie heißen hier Karpatendeutsche.

Burgen

Wehrhaft mussten die slowakischen Städte und wichtigen Grenzfestungen sein. Gefahr drohte im-

Aus dem Morgennebel ragt die Zipser Burg hervor

mer wieder von den Osmanen, die mehr als ein Jahrhundert lang das heutige ungarische Staatsgebiet besetzt hielten, auch nach »Oberungarn« schielten und Beutezüge bis in die Tatra wagten. Über 100 Burgen verzeichnet das Denkmalschutzamt, manche als kaum beachtete Ruinen, einige als stattliche Museen zugänglich gemacht, wieder andere zu Schlössern verfeinert.

Chata

Auf keinen Fall mit einem »sch« sprechen, sonst versteht Sie keiner! *Chata* (mit kehligem »ch«-Laut) bedeutet eigentlich »Hütte« – doch können sich dahinter wahre Landsitze verbergen. Jeder Stadtbewohner hätte gern eine, und wer eine besitzt, flüchtet am Wochenende oder im Sommer dorthin. Wochenendhäuschen oder Datsche ist also ihre tatsächliche Bedeutung, im Tourismusbereich sind mit *chaty* Ferienhäuschen gemeint, die zur Vermietung stehen.

Freilichtmuseen

In der Slowakei gibt es zurzeit zehn Freilichtmuseen. Die spät einsetzende Industrialisierung nach dem Zweiten Weltkrieg brachte vor allem die traditionelle Dorfarchitektur zum Verschwinden. Jeder wollte auch auf dem Land »modern« wohnen und ließ sich ein nichtssagendes Normhaus hinstellen. In den *skanzen* genannten Freilichtmuseen sind heute Gebäude zu sehen, die einmal charakteristisch für die jeweilige Gegend waren.

Gastfreundschaft

Die Gastfreundschaft ist bei den Slowaken sprichwörtlich, und im noch unverbrauchten Tourismusland werden Sie ihr häufig begegnen. Vor schwarzen Schafen, die freie Marktwirtschaft mit Betrügen verwechseln, sei allerdings gewarnt. Im Allgemeinen werden Sie aber auf offenherzige, unkomplizierte Menschen stoßen, die Ihnen gerne behilflich sind.

Höhlen

Die Karstgebirge der Slowakei sind ein wahres Paradies für Höhlenfans! Die geologische Beschaffenheit des Landes hat die Herausbildung ungewöhnlich vieler Höhlen begünstigt. Unter Naturschutz stehen die Karstgebiete rund um Rožňava, ein seltener Hochgebirgskarst kommt in der Hohen Tatra vor. Einige Höhlen hat die Unesco als Weltnaturerbe anerkannt. Insgesamt sind in der Slowakei über 4000 Höhlen registriert – die schönsten und größten sind öffentlich zugänglich. Ein Zentrum der Höhlenforschung (mit Museum) ist Liptovský Mikuláš.

Jánošík

Er gilt als »Robin Hood der Karpaten«, und die Slowaken identifizieren sich auch heute noch gern mit ihm. Nachgesagt werden ihm Mut und Kraft sowie Klugheit und Gerechtigkeitssinn. Der slowakische Mythos geht auf eine reale Gestalt zurück, die 1688 in Terchová unweit von Žilina geboren wurde. Jánošík trieb sein »Unwesen« als Räuberhauptmann, der Händler und Reisende auf ihrem Weg über die Karpatenpässe beraubte. Unschuldig in Not geratene Bauern und andere Leibeigene soll er dagegen beschenkt haben. Seinen Tod fand er 1713 nach einem Gerichtsprozess im Gefängnis von Liptovský Mikuláš. Sein unrühmliches Ende lieferte zahlreichen Liedern, Sagen und Märchen weiteren Stoff.

Musik

Das traditionell reiche Volksliedgut ist aus dem alltäglichen Leben nahezu verschwunden und Rock und Pop gewichen, die allerorten aus den Lautsprechern dröhnen. Volksmusik ist nur noch auf Folkloreoder häuslichen Familienfesten zu hören. Es gibt aber noch immer das staatliche Folkloreensemble SĽUK mit Sitz in Rusovce bei Bratislava sowie daneben Dutzende von Laien- oder Halbprofitruppen, die zu den zahlreichen Festivals antreten. Auch Kindervolkstanzgruppen zeigen auf einer eigenen Großveranstaltung ihr Können. In den größeren Städten stehen klassische Konzerte und Opernaufführungen in der Gunst des Publikums. Slowakische Opernstimmen, die auch an der New Yorker Met zu Hause sind: Edita Gruberová, die Königin des Koloratursoprans, und Peter Dvorský. Komponisten von nationaler Bedeutung sind Ján L. Bella und Eugen Suchoň, die slowakische Opern geschrieben haben. Eine eigene Fangemeinde hat auch der slowakische Jazz, der in ambitionierten Kneipen und Kellerlokalen live geboten wird.

Nationalparks

Der älteste und berühmteste ist der Nationalpark Hohe Tatra (1948); flächenmäßig an zweiter Stelle steht derjenige der Niederen Tatra (1978). Dann gibt es noch den Nationalpark der Pieninen (1967) sowie den des Slowakischen Paradieses und der Kleinen Fatra. In den 1990er-Jahren kamen noch die Nationalparks des Muráň-Plateaus und der Poloniny an der polnisch-ukrainischen Grenze hinzu. Inzwischen wurde auch die Große Fatra zu dieser besonderen Schutzzonen erhoben. Für die Nationalparks gelten strenge Vorschriften. Wer sie missachtet, muss mit hohen Geldstrafen rechnen. Und die Beamten der Nationalparkverwaltungen sind täglich unterwegs. Viele der Zentren bieten geführte Touren durch die schönsten und für Individualbesucher mitunter auch gesperrten Gebiete an.

Panelák

In der Slowakei ist er ein fester Bestandteil jeder städtischen Peripherie: der *panelák* (Plattenbau). Um nach dem Zweiten Weltkrieg möglichst schnell Wohnraum zu schaffen, wurden in der damaligen Tschechoslowakei 92 Prozent aller Staats- und Genossenschaftswohnungen in dieser äußerlich eintönigen Bauweise errichtet. In Žilina produziert der letzte Betrieb die notwendigen Platten, und in dieser Region werden sie heute auch hauptsächlich noch verbaut.

Politik und Wirtschaft

Seit der tschechoslowakischen Staatsgründung 1918 hatte sich die Slowakei nie als gleichberechtigter Partner im Verbund mit den Tschechen gefühlt. Nach 1968 erreichte sie zwar eine staatspolitische Gleichstellung in einer neu gestalteten Föderation, doch das nationale Minderwertigkeitsgefühl blieb. Erst nach der Wende von 1989 wurde eine tiefgreifende – und friedliche – Veränderung möglich, und zum 1. Januar 1993 trat die Trennung der beiden Landesteile in Kraft.

Die »bunte« Koalition unter Mikuláš Dzurinda, die die autokratische Regierung Vladimír Mečiars 1998 ablöste, wurde in vier Amtsjahren zerrüttet. Dennoch schaffte sie in etwas veränderter Konstellation die Wiederwahl. Im Mai 2004 trat das Land nach tief greifenden und schmerzlichen Reformen der EU bei. Immer noch bestimmen Privatisierung und Modernisierung das tägliche Geschäft. Einst gemieden, wird die Slowakei bei ausländischen Firmen zunehmend beliebter. Seit Beginn 2004 macht das Schlagwort vom »Tatra-Tiger« die Runde. Mit dem südkoreanischen KIA-Konzern (Hyundai) will sich nach Volkswagen (Bratislava) und Peugeot-Citroën (Trnava) die dritte Autofabrik im Westen (Žilina) des Landes ansiedeln. Außerdem sorgt ein allgemeiner Steuersatz von 19 Prozent auch bei den europäischen Nachbarn für Wirbel. Das durchschnittliche Monatseinkommen liegt dennoch erst bei ca. 380 Euro. Und glücklich ist, wer überhaupt einen Arbeitsplatz hat. Die ländlichen Regionen ohne nennenswerten Tourismus und teilweise auch die Ostslowakei bringen der Arbeitslosenstatistik hohe Zuwächse ein – zurzeit beträgt die Arbeitslosenquote landesweit 17 Prozent. Die traditionellen Schwerpunkte der slowakischen Wirtschaft liegen in der Metallverarbeitung und im Maschinenbau, gefolgt vom Fahrzeugbau und der Gummiherstellung (Matador-Reifen). Land- und Forstwirtschaft rangieren mit weniger als je 10 Prozent weiter hinten. Tourismus und Dienstleistungssektor heißen die Branchen der Zukunft. Im Übrigen hat die slowakische Wirtschaft auch nach Mečiar mit Vetternwirtschaft und Korruption zu kämpfen.

Pub

Eigentlich kannten die Slowaken die aus Großbritannien stammenden gemütlichen Gasthäuser unter der Bezeichnung *pivnica* (Bierkeller) schon lange. Doch nach der Wende war es einfach schicker, sich

»im Pub« zu verabreden, das denn auch meist eine angelsächsisch angehauchte Einrichtung erhielt. Selbst in der tiefsten Provinz rühmt man sich dieser vor allem bei jungen Leuten beliebten Lokale.

Slowakischer Nationalaufstand

Allerorten werden Sie auf Ihrer Reise durchs Land Hinweisen zum Slowakischen Nationalaufstand begegnen. Das *Slovenské národné povstanie* (Kurzform: SNP) bezeichnet den bewaffneten Partisanenkampf im Sommer 1944 gegen das klero-faschistische Regime des Slowakischen Staates, der unter dem Schutz Nazi-Deutschlands nach der Zerschlagung der ersten Tschechoslowakischen Republik entstanden war. Die kämpfenden Einheiten wurden von der Exilregierung in London geleitet und von den Alliierten, später auch von der Sowjetarmee militärisch unterstützt. Als Staatspräsident Jozef Tiso deutsche Truppen gegen die Rebellen im eigenen Land zu Hilfe rief, eskalierte der lange vorbereitete Widerstand. Am 29. August 1944 begannen die blutigen Auseinandersetzungen, in denen Tausende Slowaken und Tschechen ihr Leben ließen. Im sozialistischen Regime einseitig heroisiert, begann nach 1989 eine nüchterne Aufarbeitung der Epoche des unheilvollen Slowakischen Staates. Sie verschweigt auch die massenhafte Deportation slowakischer Juden in die Gaskammern nicht, die nicht zuletzt durch slowakische Kollaborateure ermöglicht wurde.

Thermalwasser

Die Slowakei ist ein Land, in dem an allen Ecken und Enden mineralhaltiges Wasser aus dem Boden sprudelt. Insgesamt gibt es 40 Thermalbäder, in denen Sie ein entspannendes Bad nehmen können. Einige sind Bestandteil der traditionsreichen Kurorte wie Piešťany, Trenčianske Teplice oder Bardejovské Kúpele. Die Unterkünfte sind inzwischen weitgehend modernisiert, die Dienstleistungen rund um den Kurbetrieb wurden erweitert. Auch ohne wochenlange Kuranwendung gebucht zu haben, können Sie sich an diesen Orten wohltuende Wannenbäder, Schlammpackungen und Massagen gönnen, die auch für Kurzzeitgäste in Heilbädern zu moderaten Preisen angeboten werden.

Das Museum für den Slowakischen Nationalaufstand in Banská Bystrica

Handfeste Kost ohne viel Schnickschnack

**Die slowakische Küche ist nichts für Gourmets.
Ein dichtes Netz an Gastwirtschaften
sorgt jedoch immer für einen gut gefüllten Magen**

Die typisch slowakische Küche – nicht das spätere k.u.k.-Konglomerat – ist eine karge Küche, entstanden auf Grund der rauen Bedingungen in den Bergregionen. Da gab es neben Teigwaren mit Käse oder Mohn vor allem Breie aus geschrotetem Getreide oder Hülsenfrüchten, später auch Kartoffeln und natürlich viel Kraut. Strenge Naturkostler könnten da eigentlich frohlocken, doch leider werden diese Komponenten der urslowakischen Küche in der Gastronomie heute weitgehend außer Acht gelassen. Auf den Speisekarten der Restaurants finden Sie eher eine Mischung aus dem, was bei uns in den 1970er-Jahren als modern und fortschrittlich galt. Hinzu kommen seit der Wende Einflüsse beliebter internationaler Küchen, wie z. B. Spaghetti oder Pizza. Doch Achtung, Sie werden meist eine »slowakische« Variante serviert bekommen, und die deckt sich nicht immer mit

In der Slowakei kommt Rustikal-Deftiges mit ungarischem Einschlag auf den Tisch

dem, was Sie sich vielleicht darunter vorstellen.

Die Slowaken essen gern und deftig. Nicht selten ist – wie in mediterranen Ländern – warmes Mittag- und Abendessen üblich. Für die Morgenmahlzeit darf's ebenfalls gern üppig sein, wobei man in den Hotels größtenteils zu Frühstücksbüfetts übergegangen ist, die hier »schwedische Tische« genannt werden *(švédske stoly)*.

Die Speisekarten beginnen meist mit Vorspeisen *(predjedlá)*, wobei zwischen kalt *(studené)* und warm *(teplé)* unterschieden wird. Zu den typischen Vorspeisen gehört die Schinkenrolle *(šunková roľka)*, die gewürzten Frischkäse umhüllt. In kleinen, familiär geführten Gasthäusern sind Suppen *(polievka)* zu empfehlen. Hier werden Rinder- und Hühnerbouillon noch frisch zubereitet. Traditionelle slowakische Suppen sind Knoblauchsuppe *(cesnakova polievka)* und Krautsuppe *(kapustnica)*, die Schweinefleisch, deftige Wurst, Pilze und Graupen enthalten sollte und mit einem Klecks Rahm abgeschmeckt wird.

Slowakische Spezialitäten

Lassen Sie sich diese Köstlichkeiten gut schmecken!

Bryndzové halušky – unbestritten das Nationalgericht; Kartoffelnocken in Form schwäbischer Spätzle, die jedoch aus einem Teig à la Gnocchi gemacht werden. Sie werden mit frischer *bryndza*, einem Schafsfrischkäse vermengt, den man auf Deutsch Brimsen nennt. Darüber kommt eine Portion Grieben, also ausgelassener Schweinespeck

Cesnaková polievka – Knoblauchsuppe. Mild, wenn der Knoblauch mitgekocht wurde und nicht nur zum Schluss frisch hineingedrückt wird

Guláš – Gulasch, aus der ungarischen Küche übernommen, zuweilen mit slowakischer Abwandlung wie etwa mit Pilzen oder Preiselbeeren. Damit kann man kaum etwas falsch machen

Hubová polievka – Pilzsuppe, die selbstverständlich hausgemacht und nicht aus dem Beutel kommen sollte. Typisch ist sie mit Sauerrahm und säuerlich abgeschmeckt

Kapustnica – deftige Krautsuppe mit Klobaswurst, gewürzt mit rotem Paprika, Knoblauch und Wacholder, manchmal auch unter Zugabe von Graupen

Palacinky – süße Pfannkuchen (Palatschinken), die eine beliebte Nachspeise sind

Pstruh na roste – gegrillte Forelle – die wirkliche Alternative zu der ansonsten deftigen Kost

Strapačky – Rupfennudeln, auch sie sind ähnlich wie das Nationalgericht *halušky* aus Kartoffelteig. Es gibt sie mit unterschiedlichen Beimengungen: Kraut, Speck oder süß mit Mohn oder geriebenen Nüssen

Šúľance s makom – eine Art schwäbischer Schupfnudeln, also fingerdicke Nudeln aus Kartoffelteig. Sie werden mit Mohn und Puderzucker bestreut

Vyprážaný kapor – panierter Karpfen, der typische Süßwasserfisch auf der Speisekarte

Vyprážaný syr – panierte Käsescheibe (in guten Lokalen geräucherter *oštiepok*), für Vegetarier oft die einzige Rettung, wird mit Sauce Tatar gereicht.

Zemiakové placky – Kartoffelpuffer; als Beilage oder auch als Hauptgericht mit einem Stück Fleisch oder mit Sauerkraut. Sie sind herzhaft mit Knoblauch und Majoran abgeschmeckt

Bei den warmen Speisen für mittags und abends werden Sie sich meist zwischen einer Vielzahl an Fleischgerichten entscheiden müssen, ohne dass diese wirklich differenziert zubereitet werden. Gut beraten ist man mit paniertem *(vyprážané mäso)* oder gegrilltem *(na rošte)* Fleisch. Die Beilagen *(prílohy)* wählt man meist gesondert, eine Gemüsedekoration *(obloha)* gehört dagegen häufig zum Gericht dazu. Viel frischen Salat oder große Salatteller werden Sie allerdings vergeblich suchen. Beliebt und wirklich schmackhaft sind aber Krautsalate (Rot- und Weißkraut, *kapustový šalát*). Außerdem gibt es Gurkensalat (*uhorkovê šalát,* mit Knoblauch!) und *šopský šalát*: ein gemischter Salat mit geriebenem Käse. Der gehört übrigens zu den wenigen wirklichen Spezialitäten des Landes. Unbedingt probieren sollten Sie auch *parenica* und *oštiepok.* Ersteres ist ein so genannter Dampfkäse, sehr mild, leicht gesalzen und wie eine Garnrolle aufgespult; ihn gibt es auch geräuchert. Geräuchert ist auch der *oštiepok,* etwas fester und traditionell wie ein kleiner Rugbyball geformt.

Wenn Ihnen der Sinn nach traditionsreichen Gerichten steht, suchen Sie eine *Koliba* oder einen *Salaš* auf. Das sind Begriffe aus der Almwirtschaft – so hießen die Hütten der Senner, die früher in den Bergen Wanderer bewirten durften. Heute ist das aus hygienischen Gründen nicht mehr erlaubt, es gibt nur noch kommerzielle Restaurationsbetriebe, die sich so nennen. Vielfach gibt es in diesen Lokalen ein offenes Feuer, besonders wenn es sich um eine »Räuberhütte« *(zbojnícka koliba)* handelt, deren Name natürlich auf den Nationalhelden Jánošík anspielt.

Die Slowaken werden im Gegensatz zu den für ihr gutes Bier berühmten Tschechen gern als Weintrinker-Nation bezeichnet. Doch trifft dies eigentlich nur für die traditionellen Weingegenden im Süden des Landes zu. In den Kleinen Karpaten, im Nitra-Becken und südlich von Košiče gedeihen seit Jahrhunderten Weine, die im Allgemeinen eine gute Tafelqualität erreichen. Ambitionierte Winzer arbeiten daran, den Anschluss an gehobene europäische Weinmaßstäbe zu finden. Hinter *rizling rýnsky* verbirgt sich ein Rhein-Riesling, und eine *frankovka* ist meist ein süffiger Blaufränkischer.

Beim Bier, nach wie vor das alkoholische Hauptgetränk des Landes, gibt es gute Marken: *Zlatý bažant, Šariš, Smädný mních* oder *Topvar.* Bekannt sind die Slowaken allerdings für Schärferes: *borovica,* oder auch liebevoll *borovička* genannt, ist der landesweit angebotene Wacholderschnaps. Obstbrände sind ebenfalls typisch, der Pflaumenbrand *slivovica* ist hier der geläufigste. Nach dem Essen, auch abends zu später Stunde, wird man Ihnen eine *kávička* (Kaffeechen) anbieten. Wählen können Sie zwischen Filterkaffee, Espresso (*espresso* oder auch nur *preso*) und türkischem *(turecká káva),* der mit Bodensatz an den Tisch kommt. Wenn Sie zwischendurch einen Kaffee trinken wollen, kehren Sie in ein international klingendes Café oder slowakisch *kaviareň,* oder auch in ein *Espreso/Preso* ein. Reiche Kuchenauswahl ist lediglich in einer *cukráreň* garantiert, die anderen bieten häufig nur Strudelsorten an.

Geschnitzt, gestickt, geflochten

Traditionelles Kunsthandwerk wird in den Souvenirläden in zunehmender Vielfalt und Qualität angeboten

Die land- und almwirtschaftlich geprägte Slowakei war einst reich an handwerklichem Können. In Zeiten der sozialistischen Staatsherrschaft schrumpfte das Kunsthandwerk zu einer vereinheitlichten, staatlich verordneten Folklore. Nun besinnt man sich wieder auf alte Handwerkstraditionen. Die noch immer staatliche Zentrale für volkstümliches Kunsthandwerk heißt ÚĽUV *(Ústredie ľudovej umeleckej výroby)* und ist mit einigen Verkaufsstellen im ganzen Land vertreten. Über sie werden die Heimarbeiter angeheuert und geschult. Darüber hinaus gibt es nur wenig Formschönes und Originäres zu erstehen. Typische Mitbringsel aus der Slowakei sind geschnitzte Holzgegenstände, allen voran ein *črpák.* Das ist eine Art Holztasse mit ausgeschmücktem Henkel, die der Senner zum Abschöpfen der Käsebottiche benutzte. Für Kinder wird schönes und preiswertes Holzspielzeug angeboten. Keramik ist ein weiterer wichtiger Souvenirartikel. Jede Region hat ihre eigenen Farben und Muster, die berühmtes-

Kunstvoll bemalte Eier in Keramikschalen mit traditionellem Muster

ten Töpfereiprodukte stammen aus dem Winzerstädtchen Modra und werden in die ganze Welt exportiert. Landestypisch ist der Blaudruck *(modrotlač)*, in vielfältigen Mustern bedruckte Baumwollstoffe, aus denen auch geschmackvolle Accessoires für den Haushalt hergestellt werden. Drahtbinderarbeiten – einst eine slowakische Spezialität – tauchen immer häufiger als Tischkörbchen oder geflochtene Figuren auf. Als Andenken an eine Reise in die Slowakei sollte eine Maisstrohpuppe nicht fehlen. *Šúpolie* werden die trockenen Schutzblätter vom Mais genannt, aus denen die unterschiedlichsten Figuren gefertigt werden: Spinnerinnen, Schuster, Bauern, Kinder, strickende Omas. Hochwertige Souvenirs sind reich bestickte oder mit handgeklöppelter Spitze besetzte Tischdecken und -sets. Sie werden auch auf Märkten oder an stark frequentierten Orten wie Bahnhöfen und Passagen angeboten. Eine Qualitätsgarantie für Unkundige bietet allerdings nur der Kauf in einem der ÚĽUV-Läden. Für Korbwaren kann man sich jedoch getrost auf Märkte wagen und wird nicht selten ein hübsches Stück mit nach Hause nehmen.

Feste, Events und mehr

Tanzen, Singen, Kräftemessen

Die Slowaken finden rund ums Jahr viele Gelegenheiten, um fröhlich zusammenzukommen und zu feiern. Vor allem die zahlreichen Folklore- und Weinfeste sind für Besucher attraktiv.

Maskierte Winteraustreiber

Feiertage
1. Januar Neujahr und Gründungstag der Slowakei; **6. Januar** Dreikönigstag; Karfreitag und Ostermontag; **1. Mai** Tag der Arbeit; **8. Mai** Tag des Sieges über den Faschismus; **5. Juli** Feiertag der Hl. Kyrill und Method; **29. August** Jahrestag des Slowakischen Natio-

nalaufstandes; **1. September** Tag der slowakischen Verfassung; **15. September** Fest der schmerzensreichen Mutter Gottes, Patronin der Slowakei; **1. November** Allerheiligen; **25./26. Dezember** Weihnachten

Feste und Veranstaltungen
Februar
Insider Tipp *Traditionelles Winteraustreiben* in Štrbské Pleso; Veranstaltungen in herrlicher Hochgebirgslandschaft unter dem Motto »Der Winter verlässt die Tatra«: Kostümierte und Maskierte tragen zu Musik und Tanz den Winter in Form einer Strohpuppe aus dem Ort. *Hundeschlittenrennen* in Donovaly in der Niederen Tatra.

April
★ *Weinmarkt (Vinne trhy)* in Pezinok (am zweiten Wochenende); große Weinausstellung mit Verkostung der prämierten Vorjahresweine, mit Teilnehmern aus den angrenzenden Weinregionen Mähren und Neusiedl. *Internationaler Wasserslalom* in Liptovský Mikuláš; wird seit 1984 auf dem Wildwassergelände der Stadt ausgetragen.

Mai
Poprader Kutsche am Fuß der Tatra;
Folk- und Country-Wettbewerbe.
*Festliche Eröffnung der Sommer-
saison* auf der Zipser Burg.
*Internationales Festival der Geister
und Gespenster* im Schloss Bojnice.

Juni/Juli
Die Hochsaison für *Folklorefeste*, die
inzwischen nahezu jede Region veranstaltet. Die renommiertesten finden in Východná (Tatra) und Detva
(Erzgebirge) statt. Neben Volkstanz
werden in Kežmarok (Zips) und auf
der Orava-Burg (West-Tatra) schöne
Handwerkermärkte organisiert.
Pohoda ist das größte Popfestival
des Landes und stellt am zweiten
Juli-Wochenende ganz Trenčín auf
den Kopf.

August
⭐ *Jánošík-Tage* in Terchová (Anfang
des Monats); großes, traditionsreiches Folkloreereignis mit handwerk-
lichen Produkten. Eine Woche später spielen hier Folkrock-Bands auf.
Nationalwallfahrt auf den Kriváň
(Hohe Tatra); eine gute Gelegenheit,
sich beim Wandern unter Slowaken
zu mischen.
Mountainbike-Marathon in Banská
Štiavnica; Wettfahrten im hügeligen
Bergmannsrevier rundum.

September
Bratislavské hudobné slávnosti (BHS)
in Bratislava; das bedeutendste
Musikfestival (seit 1964) für klassi-
sche Musik in der Slowakei; zugleich
Forum für preisgekrönte einhei-

mische und internationle junge
Interpreten. *Auskunft: Nationales
Musikzentrum, Tel. 02/54 43 03 78,
Fax 54 43 20 29, www.hc.sk*
Weinlese (vinobranie) abwechselnd
in Pezinok oder Modra (Mitte des
Monats); bei Umzügen wird der
frisch vergorene Wein *(burčiak)* aus-
geschenkt, dazu gibt's deftiges Essen.
Tage des Salamanders in Banská
Štiavnica (Anfang des Monats);
farbenprächtige Umzüge zu Ehren
des Bergbaus.

November
Jazztage in Bratislava und Prešov.
Fotomonat in Bratislava; in vielen
Galerien, Museen und Institutionen
der Stadt wird zeitgenössische inter-
nationale Fotografie präsentiert.
Insider Tipp *Tag der offenen Weinkeller* in
Pezinok (Kleine Karpaten); eine
gute Gelegenheit, Weine und Win-
zer der Region kennen zu lernen.

Dezember
Weihnachtsmärkte in Bratislava und
weiteren Städten, wo man landes-
typische Produkte verkauft.

Kostümierte Folkloretänzer

Donaustadt und Weinberge

Erleben Sie eine der überschaubarsten Hauptstädte Europas in herrlicher Donaulage und genießen Sie die Weine der Kleinen Karpaten

Bratislava steht noch immer im Schatten seiner weithin gerühmten Donauschwestern Wien und Budapest. Dabei ist die slowakische Hauptstadt ein wahrer Geheimtipp im ostmitteleuropäischen Dreiländereck. Weder pompös noch kapriziös, bietet sie viel Kunst, Kultur und Geschichte auf kleinem Raum. An die Hauptstadt, die vor dem industriellen Ausbau zu Beginn des 20. Jhs. über ausgedehnte eigene Weinberge verfügte und mit ihrer Zahl von gemütlichen Weinschänken *(vinárňa)* – zumindest im Verhältnis zur Bevölkerung – Wien nicht nachstand, schließt sich heute die ambitionierteste Weinbauregion des Landes an, die so genannte Karpatenweinstraße von Svätý Jur bis Smolenice. In der Umgebung Bratislavas werden Sie also Entspannung bei einem guten Gläschen Wein und Erholung beim Wandern und Spaziergehen finden. Die Bergkuppen der Höhenzüge sind mit Höhen von 600 bis 700 m auch für Ungeübte keine unbezwingbaren Gipfel.

Brunnen vor dem prächtigen Slowakischen Nationaltheater in Bratislava

BRATISLAVA

 Karte in der hinteren Umschlagklappe

[118 A4–5] Bei der Ankunft von Westen präsentiert auch die slowakische Kapitale die obligate Plattenbausiedlung. Das Viertel Petržalka wurde mit rund 130 000 Ew. zu einer Stadt in der Stadt. Dagegen wirkt die inzwischen fast vollständig restaurierte Altstadt zu Füßen der Burg geradezu putzig klein. Der Burgberg diente schon den Römern als befestigter Vorposten. Im frühen Mittelalter kamen deutsche Kolonisten; das deutschsprachige Pressburg erhielt 1291 Stadtprivilegien. Als ungarisches Pozsony wurde die Stadt erstmals Hauptstadt, nachdem die Osmanen 1526 Buda besetzt hatten. Einige Thronfolger, darunter Maria Theresia, wurden hier zu Herrschern über Ungarn gekrönt. Nach 1918 erhielt die Stadt ihren slowakischen Namen, das multikulturelle Zusammenleben dauerte aber an – bis 1945. Viele der Alteingesessenen wurden vertrieben oder gingen von selbst. Die jüdische Gemeinde von Bratislava war bereits im Krieg dezimiert worden. Mit der

Die kantige Burg über der Donau prägt die Silhouette Bratislavas

kommunistischen Herrschaft der Jahre 1948–89 verblassten und verfielen nicht nur die Fassaden und historisch Wertvolles, auch das Leben der Menschen wurde trist. Davon kann heute keine Rede mehr sein. Die Hauptstadt (452 000 Ew.) verdient das Attribut »jung« nicht nur wegen der erst 1993 erlangten Staatsautonomie. Wegen der aufblühenden Wirtschaft, mehrerer Hochschulen und einer lebendigen Kulturszene zieht es vor allem die jüngere Generation hierher. Cafés, Kneipen und Restaurants schießen aus dem Boden. Bratislava, das politische, wirtschaftliche und kulturelle Zentrum des Landes, ist auf dem besten Weg, eine liebens- und lebenswerte moderne Stadt in der Mitte Europas zu werden.

SEHENSWERTES

Altes Rathaus (Stará radnica)

Der Gebäudekomplex geht auf ein gotisches Haus aus der Mitte des 14. Jhs. zurück, das heute den barocken Uhrenturm trägt. Im 15. Jh. wurden zwei weitere Häuser angeschlossen und erst im 19. Jh. erhielt es seinen südländischen, an der Renaissance orientierten und mit Arkaden geschmückten Innenhof. Es ist jetzt Hauptsitz des *Stadtmuseums (Mestské múzeum)*, das neben der Stadtgeschichte mit Zeugnissen mittelalterlicher Justiz immer auch sehenswerte Einzelausstellungen zeigt. Im südlichen Seitenflügel, dem 1761/62 erbauten *Appónyi-Palais*, ist die Winzertradition der Stadt dokumentiert. *Di–Fr 10–17, Sa/So 11–18 Uhr, Primaciálne nám. 3*

Blaues Kirchlein (Modrý kostolík)

Insi-Tip

Ein wenig abseits der Altstadt, aber noch im Zentrum steht diese ungewöhnliche Kirche. In knalligem Schwimmbad-Blau, außen zusätzlich mit ebensolchen Kacheln verziert, stellt sie ein originelles Beispiel volkstümlichen Jugendstils (1910–13) dar. *Bezručová ul.*

Burg Bratislava (Bratislavský hrad)

★ ⬥ Auf einem Felsen über der Altstadt thront die kantige Burg mit ihren vier Türmen. Die erste dokumentierte Erwähnung datiert aus dem Jahr 907, Archäologen konnten jedoch eine sehr viel ältere Bebauung dieses strategisch wichtigen Punkts an der Donau nachweisen (2500 v. Chr.). Die Grundlage für das heutige Gebäude bildet ein Bau aus der Mitte des 15. Jhs. Nach der Verlegung des ungarischen Regierungssitzes hierher wurde kräftig und »modern« umgebaut. Beeindruckend auch heute noch das großzügige barocke Treppenhaus. Der südwestliche, dickste Turm wurde zum »Königsturm«, hier lagerten die Krönungsinsignien. Als Geschenk des ungarischen Staates kehrte eine originalgetreue Kopie der Stephanskrone in den 1970er-Jahren zurück. Sie sollte beim Museumsrundgang nicht verpasst werden, zumal sie hinter einem unscheinbaren Durchgang eher verborgen präsentiert wird. Heute befinden sich in der Burg verschiedene Museen, außerdem wird sie vom Präsidenten und dem Parlament zu Repräsentationszwecken genutzt. *Di–So 9–17 Uhr*

Grassalkovič-Palais (Grassalkovičov palác)

Früher stand sie außerhalb der Stadtmauern, nun dient sie dem slowakischen Staatspräsidenten als Amtssitz: die Sommerresidenz des Grafen Anton Grassalkovič. Flattert die Flagge am Dach, weilt der heutige Hausherr dieses 1760 fertig gestellten Rokokopalais' zumindest im Land. Der dazugehörige parkähnliche Garten ist zu weiten Teilen für die Öffentlichkeit zugänglich. Hohe Staatsgäste haben ihren Besuch der jungen Republik mittels Baumpflanzungen verewigt; kleine Messingschilder dokumentieren es. *Zugang am besten über die Štefánikova ul.*

MARCO POLO Highlights »Bratislava/Kleine Karpaten«

★ **St.-Martins-Dom**
Beeindruckend ausgestattete Wehr- und Krönungskirche ungarischer Könige (Seite 31)

★ **Burg Bratislava**
Kantig-trutziges Wahrzeichen der alten Donaustadt (Seite 29)

★ **1. Slovak pub**
Konkurrenz für die Angelsachsen – witzig und einmalig (Seite 32)

★ **Burgruine Devín**
Stolz der Slowaken und Zeichen urslawischer Vergangenheit (Seite 35)

★ **Slovenský Grob**
Durch gebratene Gänse gelangte das Dorf zu Weltruhm (Seite 39)

★ **Červený kameň**
Wunderbar erhaltene Burganlage in den Kleinen Karpaten (Seite 36)

Klassizismus in Reinkultur – das Primatialpalais am gleichnamigen Platz

Hummel-Haus (Hummelov dom)

Das tatsächliche Geburtshaus des bedeutenden europäischen Barockkomponisten Johann Nepomuk Hummel (1778–1837) stand vor diesem putzigen Renaissancegebäude. Doch die kleine Ausstellung zu Leben und Wirken des Musikers, der auch von Mozart unterrichtet wurde, lässt das vielfältige musikalische Leben Pressburgs früherer Jahrhunderte erahnen. *Mo–Fr 10 bis 17, Sa 10–14 Uhr, Klobučnícka 2*

Michaelertor (Michalská brána)

Das letzte erhaltene Stadttor (13. Jh.) ist mit seinem Turm ein Wahrzeichen der Stadt. Unten stämmig und wehrhaft, erhielt der Turm seine zierliche Barockspitze mit einer Michaelsfigur bei der Renovierung 1753–58. Im Turm passend untergebracht: eine Ausstellung mittelalterlicher Waffen und Rüstungen. Im Barockhaus des doppelten Festungstores zeigt ein kleines pharmazeutisches Museum u.a. die Bestände der ehemaligen Apotheke »Zum Roten Krebs« *(lekáreň Červený rak). Okt.–April Di–Fr 9.30 bis 16.30, Mai–Sept. Di–Fr 10–17, Sa/So 11–18 Uhr, Michalská ul. 22*

Mirbach-Palais (Mirbachov palác)

Das zauberhafte Rokokopalais mit einem der typischen Pawlatschenhöfe beherbergt eine Schau barocker Gemälde und Statuen. Als kleine Kostbarkeit sind zwei holzgetäfelte Kabinette mit einer Kollektion französischer Grafik des Rokoko hervorzuheben. *Di–So 10–17 Uhr, Františkánske nám. 11*

Primatialpalais
(Primaciálny palác)

Der rosafarbene Prunkbau entstand 1777–81 als Stadtpalais des Erzbischofs von Esztergom und ist das größte klassizistische Gebäude der Slowakei. 1805 wurde darin Geschichte geschrieben: Nach der Schlacht von Austerlitz unterzeichneten hier die Vertreter Österreichs und Frankreichs den »Frieden von Pressburg«. Eine Wandtafel im Eingang gibt darüber Auskunft. Die Zweigstelle der städtischen Galerie zeigt in repräsentativen Räumen Tapisserien, Gemälde, Plastiken. *Di bis So 10–17 Uhr, Primaciálne nám. 1*

Slavín

Der Weg zum Ehrenmal Slavín lohnt schon wegen der weiten Aussicht auf die Stadt und eines veränderten Blickwinkels auf die benachbarte Burg. Der Slavín gehört auch zur Geschichte und ist im Grunde ein »Ruhmeshügel«, auf dem ca. 7000 sowjetische Soldaten, die bei der Befreiung der Slowakei vom faschistischen Regime ihr Leben ließen, ihre letzte Ruhestätte fanden. Von weitem schon zu sehen ist die ca. 40 m hohe Granitsäule mit der Statue eines Soldaten, der die siegreiche Flagge auf erobertes Territorium stellt. *Zugang über die Treppen zur Straße Na Slavíne*

St.-Martins-Dom
(Dóm sv. Martina)

⭐ Der Dom ist eine alte Festungskirche, die an die Stadtmauer anschloss, deshalb liegt sein Portal etwas versteckt. Auf einem romanischen Vorläuferbau begann man zu Beginn des 14. Jhs. den heute dreischiffigen gotischen Dom zu errichten. Seine Bedeutung liegt vor allem in einigen Ausstattungsstücken und in seiner einstigen Funktion als Krönungskathedrale. Aus der Gotik stammt lediglich das Taufbecken (1403). In der Zeit von 1563 bis 1830 wurden hier acht ungarische Könige sowie einige ihrer Gemahlinnen gekrönt. Der Dom erhielt eine üppige barocke Ausstattung, um den aufwändigen Zeremonien den entsprechenden Rahmen zu verleihen, die jedoch Ende des 19. Jhs. zum Teil wieder beseitigt wurde. Zu bewundern sind heute noch die Kapelle von Johannes dem Almosengeber und die Großplastik des hl. Martin rechts vor dem Altar, beides Werke des Barockkünstlers Georg Raphael Donner. *Rudnayovo nám.*

MUSEEN

Historisches Museum
(Historické múzeum)

Der Hauptsitz des Historischen Museums befindet sich in der Burg. Hier wird bürgerliche Einrichtung gezeigt sowie ein Überblick über Handwerkstraditionen gegeben. Eine Abteilung zeigt alte Musikinstrumente. Bedeutender sind die Exponate der Schatzkammer im Souterrain. Ein Glasschrein verwahrt das älteste Kunstwerk auf slowakischem Boden: die Venus von Moravany. Sie wird auf 23 000 Jahre geschätzt und ist aus einem Mammutzahn geschnitzt. *Di–So 9–17 Uhr, Bratislavský hrad*

Jüdisches Museum
(Múzeum židovskej kultúry)

Unterhalb der Burg befindet sich in einem kleinen Bürgerpalais das gut ausgestattete Museum zur jüdischen Lebenswelt im alten Pressburg. *So–Fr 11–17 Uhr, Židovská 17*

Karpatendeutsches Museum (Múzeum kultúry karpatských Nemcov)

Noch im Aufbau, gibt dieses Museum schon jetzt einen guten Überblick über Zuzug und Leben deutscher Landsleute in der Slowakei. *Di–So 10–16 Uhr, Žižkova 14*

Slowakische Nationalgalerie (Slovenská Národná Galéria)

Die ehemaligen Wasserkasernen, die wegen ihrer Lage an der Donau so genannt wurden, dienen der größten staatlichen Kunstsammlung als Heimstatt: slowakische Kunst von der Gotik bis zur Gegenwart. Im angeschlossenen Eszterházy-Palais Wechselausstellungen. *Di bis So 10–18 Uhr, Rázusovo náb. 2*

Uhrenmuseum (Expozícia historických hodín)

Das Museum alter Uhren ist in einem zierlichen Bau untergebracht. Die schmale Rokokofassade ziert eine Hirtenfigur mit Lamm: das Haus zum guten Hirten. *Mai–Sept. Di bis Fr 10–17, Sa/So 11–18, Okt. bis April Di–Fr 9.30–16.30 Uhr, Židovská 1*

ESSEN & TRINKEN

Café U Rolanda

Zentral am Hauptplatz liegt dieses schöne Jugendstilcafé mit großer Kuchenauswahl, im Souterrain befindet sich ein gepflegtes Restaurant. *Hlavné nám. 5, €€€*

Čajovňa Pohoda

Die Teestube bietet neben einer großen Auswahl an Teesorten auch leckere Sandwiches. Vor allem abends brummt der Laden, viel junges Publikum. *Laurinská 3, €*

Leberfinger

Auf der rechten Donauseite, im Stil eines für die Ebene typischen flachen Gasthauses. Gerühmt wegen seiner guten slowakischen Küche; flinker Service, schöne Aussicht auf die Burg. *Viedenská cesta 257, Tel. 02/62 31 75 90, €€*

Modrá Guľa

Gepflegtes Restaurant im obersten Stock einer Bank, durch die Glasfronten oder im Sommer von der Terrasse Blick aufs Präsidentenpalais. *Suché Mýto 6, Tel. 02/58 50 40 07, €€€*

Montana's Grizzly Bar

Ein Amerikaner betreibt gleich am Michaelertor ein uriges Bierlokal mit deftiger Hausmannskost. Jugendtreff, im Sommer Gartenterrasse im Innenhof. *Michalská ul. 19, Tel. 02/54 43 49 98, €*

Prašná bašta

Café, Restaurant und Sommerterrasse in einem Innenhof unweit des Michaelertors. Dunkelbraunes Holzambiente, angenehm-freundliche Bedienung, gute slowakische Küche, aber auch Vegetarisches und Asiatisches. Bekannt für gute Musik und Livekonzerte. *Zámočnícka 11, Tel. 02/54 43 49 57, €*

1. Slovak pub

★ Das Lokal rühmt sich, das erste slowakische Pub zu sein, und es ist tatsächlich originell und gut. Hier können Sie bei Bier, Schmalzbrot (die Spezialität des Hauses wird als »slowakischer Hamburger« angeboten) oder *halušky* slowakische Geschichte und Literatur kennen lernen. Jeder der zehn Räume ist einem Thema gewidmet, Gedichte

Straßenszene in der Ventúrská Michalská, Bratislavas Haupteinkaufsstraße

und Autorenporträts schmücken die Wände. Rarität: eine Mineralwasserkarte slowakischer Marken! *Obchodná 62, Tel. 02/52 63 19 51, €*

Slovenská reštaurácia
Gepflegt-rustikales Ambiente mit guter, typisch slowakischer Küche; hierher werden ausländische Gäste geführt. *Hviezdoslavovo nám. 20, Tel. 02/54 41 64 42, €€€*

Vináreň Veľkí Františkáni
Eine der ältesten typischen Weinschänken sind die »Großen Franziskaner«. In lang gestreckten gotischen Gewölbekellern wird eine reiche Auswahl landestypischer Weine ausgeschenkt, dazu gibt's kalte und warme Speisen. *Františkánske nám. 10, Tel. 02/54 43 30 73, €€*

EINKAUFEN
Eine ausgedehnte Fußgängerzone rund um die *Ventúrská Michalská* macht den Einkaufsbummel zum Vergnügen. Bei der Zentrale des staatlichen Kunstgewerbebetriebs *(ÚĽUV, Obchodná 64, www.uluv.sk)* können Sie im Handwerkerhof auch hinter die Kulissen schauen bzw. sich selbst an verschiedenen Materialien versuchen. Gute Musikläden für Pop, Folk, Jazz sind *Artforum (Kozia 20)* und *Dr. Horák (Medená 19)*, für Klassik und Neue Musik *Hummel Music (Klobučnícka 2)*. Nebenan bietet die Weinhandlung *Vinotéka Sv. Urbana* große Auswahl einheimischer Weine, Verkostung mit Imbiss möglich *(Klobučnícka 4)*.

Wenn Sie miterleben möchten, wie Slowaken am liebsten einkaufen, begeben Sie sich ins Einkaufszentrum *Aupark* am rechten Donauufer: Neben den internationalen Mode- und Sportmarken sind auch einheimische Produkte vertreten. Die Cafés und Restaurants sind hier nicht wie in der Altstadt überwiegend von Touristen bevölkert.

ÜBERNACHTEN

Botel Gracia

Modernes Hotelschiff am Donauufer auf der Höhe der Nationalgalerie, ca. 10 Min. in die Altstadt, Restaurant mit herrlichem Ausblick. *Rázusovo nábrežie, Tel. 02/54 43 21 32, Fax 54 43 21 31, www.botel-gracia.sk, €€*

Hostel Bernolák

Während der Semesterferien, also im Juli und August, steht dieses Studentenheim wie eine Jugendherberge jedem offen (ca. 8 Euro pro Bett). *28 Zi., Bernolákova 1, Tel. 02/52 49 77 23*

Hotel Adonis

Ein schlichtes, aber neues Hotel etwas außerhalb des Zentrums. *38 Zi., Vlčie hrdlo, Tel. 02/58 59 72 93, Fax 58 59 72 50, €*

Hotel Astra

Nicht mehr im Zentrum, aber mit guter Busverbindung. Renoviert und günstig. *84 Zi., Prievozská 14, Tel. 02/58 23 81 11, Fax 53 41 35 26, www.hotelastra.sk, €*

Hotel Barónka

Großer weißer Kasten außerhalb des Zentrums (gute Straßenbahnverbindung), renoviert, Pool und Fitnessraum vorhanden. *122 Zi., Mudrochova 2, Tel. 02/44 88 20 89, Fax 44 88 54 00, www.baronka.sk, € – €€*

Hotel Bratislava

Annehmbares Großhotel für schmale Urlaubskassen. Zimmer in den Kategorien Standard, Economy und Business. *234 Zi., Seberíniho 9, Tel. 02/43 41 15 92, Fax 43 33 64 20, www.hotelbratislava.sk, €€*

Hotel Ibis

Zwischen Burgberg und Altstadt liegt das neue Haus der europaweit bekannten Hotelkette mit den üblichen Standardzimmern. *Zámocká ul. 38, Tel. 02/59 29 20 00, Fax 59 29 21 11, www.ibis-bratislava.sk, €€*

Hotel Tatra

Zentrumsnahes, angenehmes Stadthotel. *86 Zi., Nám. 1. mája 5, Tel. 02/59 27 21 21, Fax 59 27 21 35, www.hoteltatra.sk, €€€*

Der schöne Naci

Denkmal für einen Bonvivant

Wie der historische französische Soldat, der Ihnen beim Ausruhen auf einer Bank des Hauptplatzes über die Schulter schaut, ist der mit seinem Zylinder grüßende »Schöne Naci« in der Rybárska brána nur aus Metall. Doch keine Bange, es geht nicht um Politisches: Ignac Lamár war ein bekannter Pressburger Gentleman, der sich trotz geringen Einkommens auch Mitte des 20. Jhs. das Auftreten und die Manieren eines Herrn von Welt bewahrt hatte. Obwohl von seinen Mitbürgern zeitlebens belächelt, soll er auf diese Weise nicht vergessen werden.

Pension Caribic's

Am Fuß des Burghügels, nur wenige Schritte vom Donaukai, befindet sich diese kleine Pension in historischem Gemäuer. Das Restaurant ist auf Fischgerichte spezialisiert. *8 Zi., Žižkova 1, Tel. 02/54 41 83 34, Fax 54 41 83 33,* €

AM ABEND

Live!Club

🏃 Gilt unter den Bratislavern als die schickste und modernste Diskolandschaft und ist es sicher auch für die gesamte Slowakei. Der Club befindet sich im Einkaufszentrum *Aupark*, regelmäßig werden Partys veranstaltet, tagsüber kann man auch Café und Pub nutzen. *Einsteinova 18, Tel. 02/63 45 41 08, www.liveclub.sk*

Slowakische Philharmonie (Slovenská Filharmónia)

Sie residiert in der neobarocken Redoute; der reichlich stuckierte Konzertsaal hat eine ausgezeichnete Akustik. *Reduta, Medená 3, Tages- und Abendkasse: Palackého 2, Tel. 02/54 43 33-51 (-53), Mo, Di, Do, Fr 13–19, Mi 8–14 Uhr und eine Stunde vor Konzertbeginn*

Slowakisches Nationaltheater (Slovenské národné divadlo)

In dem schönen neoklassizistischen Gebäude (1884–86) der österreichischen Architekten Helmer und Fellner am Hviezdoslav-Platz werden fast allabendlich Opern-, Operetten- und Ballettvorführungen geboten. Das Schauspiel hat ein eigenes Haus. *Kartenvorverkauf: Komenského nám., Tel./Fax 02/ 54 43 37 64, Mo–Fr 8–17.30, Sa 9–13 Uhr*

U. Club

🏃 Kurz, aber heftig wird dieser Klub betrieben, nur Fr und Sa (22–5 Uhr) gibt's hier vor allem Techno- sowie Drum&Bass-Partys. *Nábrežie arm. gen. L. Svobodu*

AUSKUNFT

Bratislavská kultúrna a informačná služba (bkis)

Klobučnícka 2, Tel. 02/54 43 37 15, 54 43 12 52, Fax 54 43 27 08, www.bkis.bratislava.sk, Mai–Sept. tgl. 8–18, Okt.–April Mo–Fr 8–17, Sa 8–13 Uhr

Das monatliche Infoheft »Kam v Bratislave« (mit deutschem Teil) gibt es hier und an Kiosken zu kaufen. Vierzehntägig erscheint das kostenlose, kleine Stadtmagazin »Bratislavsky Propeler« mit vielen Szenetipps, allerdings nur auf Slowakisch; im Internet einfach unter *www.propeler.sk* zu finden.

ZIELE IN DER UMGEBUNG

Burgruine Devín   [118 A4]

★ 🔽 Auf die Ruinen im 12 km entfernten Devínska Nová Ves sind die Slowaken besonders stolz. Sie gelten als Residenz ihrer slawischen Vorväter aus dem legendären Großmährischen Reich. Nach dem Aufstieg zu den befestigten Ruinen werden Sie einiges besser verstehen. Am Zusammenfluss von Donau und March kann der Blick majestätisch weit nach Österreich und in die slowakische Donauebene schweifen. Der Burghügel ist zugleich Naturschutzgebiet, da hier seltene Pflanzenarten beheimatet sind. *Hrad Devín, Mai–Okt. Di–Fr 10–17, Sa/So 11–18 Uhr, Muránska ul.*

Rusovce [118 A5]

Der 6 km entfernte kleine Ort an der Donau hat zwei gegensätzliche Sehenswürdigkeiten zu bieten: *Gerulata* ist eine ausgegrabene Römersiedlung, die ein Militärlager des 2. bis 4. Jhs. dokumentiert *(Mai–Okt. Di–Fr 10–17 Uhr, Gerulatská ul. 69)*. Auf einer Donauhalbinsel zeigt die moderne *Galerie Danubiana* Kunst des 20. Jhs. Das Gebäude erinnert an einen Schiffsrumpf, der sich durch die Fluten kämpft. Der Skulpturenpark ist von Donauwasser umspült; mit Café. *Di–So 10–18 Uhr, Tel. 0903/54 52 35, www.danubiana.sk*

Insider Tipp

KLEINE KARPATEN

Mit dem durch den Fernsehturm markierten Hügel *Koliba* in Bratislava nimmt der Gebirgszug der Karpaten an der Donau seinen Anfang. Die niedrigen Höhen (500–700 m) bestimmen die milde Ausprägung des deshalb Kleine Karpaten *(Malé*

Karpaty) genannten Gebirges. Schon seit der Römerzeit wird hier Wein angebaut, nach der Wende 1989 verstärkt in kleineren Winzerverbänden. Die Gemeinden der Kleinen Karpaten haben sich zur »Karpatenweinstraße« *(Malokarpatská vinná cesta)* zusammengeschlossen, um für den Fremdenverkehr wirksamer zu werben. Sie beginnt im Stadtteil Rača und endet bei Smolenice.

ZIELE IN DEN KLEINEN KARPATEN

Častá [118 B4]

Über dem kleinen Ort erhebt sich eine der großartigsten Burgen der Slowakei. ★ *Červený kameň* wird deutsch Biberburg genannt. Die Augsburger Kaufmannsfamilie Fugger nannte sie einmal ihr eigen, Albrecht Dürer soll am Ausbau der Kellergeschosse mitgearbeitet haben. In den oberen Räumen gibt es altes Mobiliar zu bewundern. Im Burgkomplex befindet sich ein Café

Weinberge in den Kleinen Karpaten

mit Imbissstube. *Mai–Aug. Mo–Fr 9–17, Sa/So 9–18, Sept.–April tgl. 9–15.30 Uhr*

Der Falkenhof *Astur* führt Raubtiere der Lüfte vor. *April–Okt. Di bis So um 11.15, 14.15, 16.15 Uhr*

Modra [118 B4]

Das Städtchen (8500 Ew.) lässt Slowaken an drei Dinge denken: an Wein, Keramik und den Schriftsteller und Sprachreformer Ľudovít Štúr (1815–56). Dem Weinruhm folgend wurde hier Ende des 19. Jhs. eine Weinbauschule gegründet. Sie ist in einem historischen Gebäude der alten Stadtmauer am Oberen Tor untergebracht. Regelmäßig finden Verkostungen schuleigener Weine statt *(Vinohradnícka škola, Kostolná 3, Tel. 033/647 21 11, Weinverkauf Mo–Fr 8–16.30 Uhr)*.

Modra-Keramik ist weit über die Landesgrenzen berühmt. Größter Produzent ist der einstige Staatsbetrieb *Slovenská Majolika* im Süden der Stadt *(Dolná 138, Verkaufsraum Mo–Fr 8–16 Uhr)*. Sehr schöne, typische und ausgefallene Keramikprodukte bieten zunehmend freie Keramiker an. Ein Teil hat sich zu einer Zunft zusammengeschlossen; Zlatica Ďureje gibt in ihrer Werkstatt gern Auskunft zum Besuch weiterer Kollegen im Ort *(Súkennícka 2, Tel. 033/647 37 44)*. Oder Sie fragen im Infobüro: *Malokarpatská TIK, Štúrova 84, Tel. 033/647 43 02*.

In der Nähe liegt auch das *Štúr-Gedenkzimmer*, das man nur mit Voranmeldung besuchen kann. Im *Štúr-Museum* weiter unten an der Straße gibt es vor allem schöne, alte Modra-Keramik zu bewundern. *Múzeum Ľ. Štúra, Di–Fr 8–16.30 Uhr; Štúrova 50*

Denkmal für Ľudovít Štúr in Modra

Ein traditionsreiches Berghotel der Kleinen Karpaten mit offenem Kamin im zünftigen Restaurant ist die in Piesok gelegene *Zochová chata (Tel. 033/647 02 80, 647 52 92, €)*, zu erreichen in etwa 6 km vom nördlichen Ende von Modra.

Pezinok [118 B4]

Das Zentrum der Region, zugleich Verwaltungssitz (22 000 Ew.). Auch hier dominieren die niedrigen Winzerhäuser den Kernbereich; unbedingt zu empfehlen ist der Besuch des Weinmuseums. Im Hof stehen alte Weinpressen, das Museum selbst gibt einen Überblick über die Weinbautradition der Region. Im Tiefparterre schließlich der Höhepunkt: Der historische Gewölbekeller mit alten Weinfässern lädt zu Weinverkostungen mit Salz- und Griebengebäck *(ab 7 Personen, An-*

Insider Tipp

meldung: Tel. 033/641 20 57). Malokarpatské múzeum, Di–Fr 9–17, Sa 9–15 Uhr, Ul. M. R. Štefánika 4

Interessant am gleichnamigen Platz: das *Alte Rathaus* (um 1600). Auch hier baute man nicht über den ersten Stock hinaus. Die luftige Fensterfront zieren dicht gedrängte Doppelfenster und knubbelige Ecktürmchen.

Von Pezinok aus sind schöne Wanderungen an Weinbergen entlang möglich. Wege führen zu kleinen Aussichtspunkten auf den Anhöhen, die so kuriose Namen wie *Konské hlavy* (Pferdeköpfe, 649 m) oder *Čertov kopec* (Teufelshügel, 751 m) tragen. Besonders schön ist eine Gratwanderung mit geringen Höhenunterschieden, die Sie je nach Kondition in einem der Orte abbrechen und mit dem Bus zu Ende bringen können. Ein guter Ausgangspunkt für Wanderungen ist der respektlos *Pezinská Baba* (*Baba* bedeutet »Weib«) genannte Pass oberhalb von Pezinok über den Gebirszug der Kleinen Karpaten hinüber zur Landschaft des *Záhorie.* Auf der Baba bietet ein ein kleines Motel Unterkunft und Verköstigung *(Motel na vrchu Baba, Tel. 033/ 640 36 36, €).* Ein Teil der Trassen ist für Radler und Mountainbiker ausgezeichnet.

Zwei Tipps für rustikale Küche: Mit schlichten Holztischen und -bänken lädt die *Vináreň u magistra* im Innenhof eines Winzerhauses zu Imbiss und Wein *(Ul. M. R. Štefánika 17, Tel. 033/641 30 55, €).* Die Schlossweinschänke mit eigenen Weinkellern befindet sich am Ende der Hauptstraße im kleinen Kastell von Pezinok *(Zámocká vináreň, Mladoboleslavská ul., Tel. 033/ 641 23 59, €€).* Übernachtung im Zentrum bietet das Hotel *Lipa*, ein moderner Familienbetrieb mit Restaurant im Kellergewölbe und auf der begrünten Terrasse *(Kollárova ul. 20, Tel. 033/641 24 02, €).*

Auskunft: Informačné centrum, Radničné nám. 9, 90214 Pezinok, Tel. 033/41 25 50, Fax 641 23 03, www.pezinok.sk. Eine angeschlossene Vinothek bietet eine Auswahl regionaler Weine. Weitere Winzer, die auch in kleinen Mengen verkaufen und Degustationen durchführen (auf Anmeldung in Gruppen) sind *Ľudovít Tretina (Kupeckého 51, Tel. 033/640 40 00), Ján Hacaj (Ul. M. R. Štefánika 21, Tel. 033/ 640 26 96)* und *Víno Matyšák (Holubyho 85, Tel./Fax 033/641 12 72).*

»Ahoj« und »čau«

So grüßt man unter Freunden

Vielleicht weil sie nie über einen Zugang zu einem der Weltmeere verfügten, grüßen die Slowaken so gern mit *ahoj.* Wenn Sie dazugehören wollen, dann sollten Sie nicht deutsch auf dem »o«, sondern vorn auf dem »a« betonen. Und das italienische *ciao* werden Sie auch oft zu hören bekommen; geschrieben ist es allerdings kaum wiederzuerkennen: *čau.* Liebevoll verkleinert heißt es auf slowakisch gern *čauko.*

Slovenský Grob [118 B4]

★ Die Hausfrauen-Wirtinnen dieses Dorfes müssen inzwischen Gänse zukaufen, um dem jährlichen Ansturm auf ihre guten Stuben gerecht zu werden. Wie vor hundert Jahren ist es gute Tradition, in den kalten Monaten nach Slovenský Grob zu fahren und ein Gansessen *(husacina)* mit Schnaps und Wein zu genießen. Die Stuben gleichen meist schon kleinen Gasthäusern. Kleine Gastronomiebetriebe können den Andrang besser bewältigen und sind meist ganzjährig geöffnet, Reservierung ist auch hier angeraten, z. B.: *Pivnica u Zlatej Husi, Pezinská 2, Tel. 033/647 82 25, Fax 647 82 25, €€.* Ein schönes neues Gasthaus mit  herrlichem Blick auf die Kleinen Karpaten: *Grobský dvor, Vajnorská 3, Tel./Fax 033/647 88 89, €€€.*

Blick auf das Schloss von Smolenice

Smolenice [118 B3]

Der Ort markiert den Abschluss der Karpatenweinstraße, auch wenn sich der Gebirgszug fortsetzt. Von weitem ist der hoch aufragende Burgturm zu erkennen; der Aufstieg (nur Juli/Aug. möglich) lohnt wegen der Superaussicht, das Äußere des Gemäuers ist eine Stilisierung des 20. Jhs., obwohl der Bau auf das 14. Jh zurückgeht. Da das Schloss von der Akademie der Wissenschaften als Gästehaus genutzt wird, ist nur der dazugehörige Park, der in einen Wald übergeht, für Besucher zugänglich. In diesem Wald liegt die einzige öffentliche Höhle der Kleinen Karpaten. Die *jaskyňa Driny* des Smolenicer Karsts bietet üppig gefältelte »Vorhänge« aus Sinter mit Zähnchenrand sowie pagodenförmige Stalagmiten *(Juni–Aug. Di–So 9 bis 16, Sept./Okt., April/Mai Di–So 10–15 Uhr zu jeder vollen Stunde).*

Svätý Jur [118 B4]

Die erste Gemeinde (deutsch: St. Georgen) gleich hinter der Stadtgrenze von Bratislava ist ein nahezu intaktes Beispiel einer karpatischen Winzergemeinde. Das historistisch neogotisch gestaltete *Rathaus* (1865) wirkt in der eher nüchternen Umgebung der flachen Winzerhäuser erhaben. Eine wirkliche Rarität auf slowakischem Boden bietet sehr viel weiter oben am Hang die *St. Georgs-Kirche* mit Grundfesten aus der Frühgotik. Sie birgt einen steinernen Altar der Frührenaissance (1514–20), in dessen Mitte ein kunstvoll modellierter Georg dem Drachen die Kehle durchsticht. Sehenswert sind auch Fresken des 14. Jhs. sowie aufwändige Sarkophage und Grabplatten. Der gesondert stehende hölzerne Glockenturm entstand im 17. Jh. und verweist stilistisch auf die »richtigen« Karpaten viel weiter im Norden.

Insider Tipp

Weite Sicht über Felder und Flüsse

Die Niederungsgebiete der Slowakei sind liebliche Landstriche mit Obst- und Getreideanbau und voller Kultur und Geschichte

Donauebene und Waagtal sind die größten Niederungsgebiete der Slowakei und bieten einen deutlich anderen Landschaftstyp als der Rest der Slowakei. Doch lediglich die kilometerweite Donauebene ist wirklich hügelfrei. Das breite Waagtal ist bereits wieder von Höhenzügen flankiert. In der Donauebene kommen der längste Fluss der Slowakei, die Waag *(Váh)* ebenso wie die Kleine Donau *(Malý Dunaj)* und die Neutra *(Nitra)* in der Donau zusammen. Hier bekommen Sie einen Vorgeschmack auf die Pußta-Ebene, die sich auf ungarischem Gebiet anschließt. Meist säumen Obstbäume die Landstraßen, die Sie durch weite Felder und Wiesen führen. Typisch sind Pappelhaine, die neben Buschwerk und Weiden als Feldbegrenzungen dienen. Für die Dörfer sind Häuser mit offener Veranda typisch, südländisch mit Wein und viel Blumen geschmückt. Hier gedeihen sogar Südfrüchte wie Pfirsiche, Aprikosen und Melonen. Die Städte des Waagtals steuern als Kontrast dazu traditionsreiche urbane Kultur bei.

Auf einem Felsen über der Waag erhebt sich die Burg von Trenčín

Bäuerin beim Heuwenden

KOMÁRNO

[119 D6] Eine geteilte Stadt: das slowakische Komárno (38 000 Ew.) und am anderen Donauufer das ungarische Komárom. Die Landzunge, durch Zusammenfluss von Donau und Waag herausgebildet, stellte seit der Römerzeit eine gute Verteidigungsmöglichkeit dar. Komárno besitzt durch den starken ungarischen Einfluss seinen eigenen Reiz. In den Restaurants und Cafés genießt man in gestyltem Outfit das süße Nichtstun. Die Stadt ist ein kleines Zentrum der sie umgebenden Donaubene und schickt sich an, mit dem ambitionierten Projekt »Europa-Platz« verstärkt Touristen anzulocken, dabei könnte die historische Festung viel höher punkten.

Effektvoll beleuchtet sind die Gewölbe des Lapidariums in der Festung

SEHENSWERTES

Festung (Pevnost') Komárno

⭐ »Nec arte nec marte« – weder durch Gewalt noch durch List sollten sie einnehmbar sein, und tatsächlich hielten die Verteidigungsanlagen der Stadt die kampflustigen Türken fern. 1546 begann man mit dem Bau der alten Bastion, Ende des 17. Jhs. wurde der pentagonale Festungsring um die Stadt fertig gestellt. Schrittweise wird die beeindruckende Anlage Besuchern zugänglich gemacht. Noch muss man sich seinen Weg zwischen Plattenbauten und Gärten suchen, um sich von den überwucherten Kasematten einen Eindruck zu verschaffen – ein anregendes Detektivspiel. Museal zugänglich ist das schön präsentierte *Lapidarium (April–Okt. Di–So 10 bis 17 Uhr)*. Kulinarisch gut versorgt erleben Sie solch ein Festungsgewölbe im Restaurant *Highland* im Bollwerk III *(Bašta III, Ul. Priatel'stva, Tel. 035/772 21 20, €€)*.

Europa-Platz (Nádvorie Európy) *Inside Tipp*

In einem Geviert des historischen Kerns wurde der Europa-Platz angelegt, als Reverenz an Komárnos einstige Bedeutung als europäischer Verkehrsknotenpunkt. In putzigem Format entstanden Fassaden europäischer Nationen, von Skandinavien bis Spanien. In der Mitte plätschert ein Millenniumsbrunnen, Bänke laden zu einer Pause ein.

ESSEN & TRINKEN

Hostinec u čierneho psa

🏃 Urige Wirtschaft, deren Ausstattung an einen Western-Saloon angelehnt ist. Großer Kamin und kleine Bühne für Liveauftritte. *Nám. M. R. Štefánika 14, Tel. 035/771 38 45, €*

Reštaurácia Banderium

Gepflegtes Lokal, modernes Ambiente, gute Küche; im Innenhof Kaffeebar mit bequemer Lounge-Ausstattung bzw. Korbsesseln auf der Terrasse (€€). Angeschlossen ist eine Pension. *9 Zi., Nám. M. R. Štefánika 11, Tel. 035/773 01 56, Fax 773 37 75, www.banderium.sk, €*

ÜBERNACHTEN

Hotel Európa

Modernisiertes Haus im Zentrum, Restaurant. *34 Zi., Ul. Štefánika 1, Tel. 035/773 13 49, Fax 773 13 51, www.hoteleuropa.sk, €*

FREIZEIT & SPORT

Im nahen Dunajská Streda bietet ein großes *Thermalbad (Kúpelnorekreačný areál)* in sieben Becken mit unterschiedlichen Temperaturen von 25–36 °C Erholung für müde Knochen *(Gabčíkovská cesta, Mai bis Sept. Mo 13–19, Di–So 9–19, Okt. bis April Mi 13–19, Do–So 9–19 Uhr)*.

AUSKUNFT

Turisticko-informačná kancelária (TIK)

Župná 5, Tel./Fax 035/773 00 63, tik@komarno.sk, Mo–Fr 7.30 bis 15.30, Juli/Aug. auch Sa 9–12 Uhr

NITRA

[119 D4] Nitra ist die viertgrößte Stadt (87 000 Ew.) des Landes und wird gern als »Mutter der slowakischen Städte« bezeichnet, weil sie einer der Hauptsitze des slawischen Fürsten Svätopluk war. Der Burgberg von Nitra ist deswegen nationales Heiligtum. Und er stellt die Hauptattraktion dieser sonst eher unauffälligen Stadt dar, deren historisches Zentrum städtebaulich leider zerschlagen wurde. Dennoch, die Atmosphäre des Südens ist hier am Fuß des Tribeč-Gebirges deutlich zu spüren. Durch Hochschulinstitute, Priesterseminare sowie Hotelfachschule und prosperieren-

---

MARCO POLO Highlights
»Donauebene/Waagtal«

★ **St.-Emeram-Kathedrale**
Die Kirche in Nitra erinnert an die christlichen Ursprünge der Slowaken (Seite 44)

★ **Burg Trenčin**
Wahrzeichen mit Ausblick auf das Waagtal (Seite 49)

★ **Universitätskirche**
Vorzeige-Barock in Trnava, dem »slowakischen Rom« (Seite 53)

★ **Festung Komárno**
Einzigartige Verteidigungsanlagen an der Donau (Seite 42)

★ **Piešťany**
Wohltuende Entspannung in den Thermalbädern der alten Kurstadt (Seite 46)

★ **Hotel Tatra**
Prachthotel zu Füßen der Burg von Trenčin (Seite 50)

de Betriebe der Lebensmittelbranche ist Nitra eine dynamische Stadt, deren Fortschritte seit der Wende aber erst auf den zweiten Blick sichtbar werden. In der Oberstadt *(Horné mesto)* mit Burg und Bischofssitz können Sie Momente der Stille und Muße erleben. In der Umgebung ist Nitra zur Ebene hin mit Weinbergen, Obstgärten und weiten Getreidefeldern gesegnet.

SEHENSWERTES

Burg mit St.-Emeram-Kathedrale (Hrad/Katedrála sv. Emerama)

Hoch ragt der Turm von St. Emeram aus der umliegenden Stadt auf. Hierher lud der slawische Fürst Pribina 828 Bischof Adalram aus Salzburg, um die erste christliche Kirche auf slowakischem Gebiet zu weihen. In mehreren Etappen geht es den »heiligen Berg« hinauf. Rund um den Platz mit dem Pribina-Denkmal stehen Priesterseminare. Vor dem Burgareal folgen die Pestsäule und ein Standbild zu Ehren der missionierenden Slawenapostel Kyrill und Method. Innerhalb der massiven Festungsmauern stehen Bischofsresidenz und Domkirche. Die verschachtelte ★ *St.-Emeram-Kathedrale* geht auf das 11. Jh. zurück; die folgenden Epochen hinterließen ihre Spuren, wobei das Barock am Nachhaltigsten wirkte. Im obersten und größten der drei Kirchenräume sind der Altar und großflächige Fresken zu bewundern. Bedeutender ist die romanische Apsis, in der u. a. Reliquien des hl. Kyrill aufbewahrt werden *(tgl. 9–12, 13 bis 16 Uhr)*. Im Übrigen hat man von hier oben eine herrliche Aussicht – bis weit in die Donauebene hinein.

Diözesanbibliothek (Diecézna knižnica)

Die Diözesanbibliothek im großen rosafarbenen Priesterseminar in der Oberstadt ist eine der raren historischen Bibliotheken des Landes, die in einem würdigen Rahmen präsentiert werden. Emporen, Galerien und Treppchen führen zu den kostbaren Büchern. *Nur nach Voranmeldung im Infobüro (s. »Auskunft«), Pribinovo nám.*

Nitraner Synagoge (Synagóga v Nitre)

Insider Tipp

Endlich ist die lange verwahrloste Synagoge im eklektizistischen Stil mit maurischen Elementen (1910/11) wieder zugänglich. Sie bietet allerdings nur eine kleine Judaika-Ausstellung auf der Frauenempore und wird sonst für Kulturveranstaltungen genutzt. In der Unterstadt ist sie eines der wenigen lohnenden Ziele. *Mi 10–12, 14–18, So 15–18 Uhr und nach Vereinbarung im Infobüro (s. »Auskunft«), Pri synagóge*

MUSEUM

Nitra-Galerie (Nitrianska galéria)

Das schöne ehemalige Komitatshaus am Fuß des Burgbergs beherbergt die Kunstgalerie der Nitra-Region. Immer wieder gibt es Ausstellungen mit zeitgenössischer Kunst; hinter dem Haus lädt ein Skulpturenpark zur Besichtigung. *Di–So 10 bis 17 Uhr, Župné nám. 3*

ESSEN & TRINKEN

Reštaurácia Múzeum

Zentral gelegen im Gebäude des Nitra-Museums, Sommerterrasse. *Štefánikova 1, Tel. 037/741 09 08, €€*

The Irish Times Pub

🏃 Man sitzt an alten Nähmaschinentischen, bei gutem Wetter wird die Glasfront einfach weggeschoben, und man sitzt auf der Terrasse. *Kupecká 14, Tel. 037/741 84 19, €*

U sv. Huberta

Gepflegtes Restaurant am Hügel der Kalvariengruppe, stilvolle Ausstattung mit Jagdtrophäen. Schön begrünte Gartenterrasse. *Kasalova 8, Tel. 037/651 67 74, €€€*

für deren Besucher wurde dieses nüchtern-einfache, aber günstige Logierhaus errichtet. *55 Zi., Vihorlatská 10, Tel. 037/653 45 41, Fax 653 45 45, €*

Penzión Atrium

Renoviertes Haus an der Fußgängerzone mit Anbau, freundliche Zimmer, Restaurant mit Innenhofterrasse – wie es der Name des Hauses verspricht. *15 Zi., Štefánikova 8, Tel./Fax 037/652 37 90, €€*

EINKAUFEN

Slovenská izba

Im hintersten Winkel eines Innenhofs befindet sich ein »slowakisches Zimmer«, in dem Kunsthandwerk der Region verkauft wird. *Kupecká 6, Mo–Fr 9.30–12.30, 13–17.30 Uhr*

ÜBERNACHTEN

Hotel Agrokomplex

Nitra ist landesweit bekannt für seine Lebensmittelmessen. Vor allem

AM ABEND

🏃 Die Kellerräume einer Großbäckerei am Rand der Innenstadt wurden zum coolen Treff der Jugend, die sich immer auch aus vielen Studenten »rekrutiert«: ab 18 Uhr Disko und Partys satt *(Stará pekáreň, Rázusova 2)*. Unterkühlt wirkt das Internetcafé *Subterra* unter dem nun der Kleinkunst und dem Marionettenspiel gewidmeten Alten Theater *(Ul. 7. pešieho pluku 1, www.subterra.sk)*.

Reiche Obst- und Gemüseauswahl auf dem Wochenmarkt von Nitra

FREIZEIT & SPORT

Reiten und Fahrrad fahren sind zurzeit die beliebtesten Freizeitvergnügungen der Menschen hier. Eine kleine, stilechte Pferderanch betreibt der *Reitclub St. Georg*, wo Sie auch Unterricht nehmen können *(Jazdecký klub sv. Juraja Ranč DD, Dlhá 20, Tel. 087/741 65 14, Fax 741 28 78, blazek@acblazek.sk)*. Für Radler und Mountainbiker hat das Nitraner Infobüro eine Landkarte *(Ponitrianska cyklomagistrála)* mit verzeichneten Fahrradwegen und -routen herausgegeben.

AUSKUNFT

Nitriansky informačný systém (NISYS)

Štefánikova 1, 94901 Nitra, Tel. 037/741 09 06, Fax 741 09 07, www.nitra.sk, Mo–Fr 8–18, Sa 8 bis 12, Juli/Aug. zusätzlich Sa 9–18, So 14–18 Uhr

ZIELE IN DER UMGEBUNG

Arborétum in Mlyňany [119 D4]

Die umfangreichste Sammlung fremder Zierhölzer in der Slowakei wird im 25 km entfernten Mlyňany in einem 67 ha großen Park mit japanischem Pavillon präsentiert (auch Pflanzenverkauf). Für die fachkundige Betreuung sorgt die Akademie der Wissenschaften. *April–Sept. Mo–Fr 8–18, Sa/So 8 bis 17, Okt.–März Mo–Fr 8–15 Uhr*

Insider Tipp ### Schloss Topoľčianky [119 D3]

Die 34 km entfernte ehemalige Sommerresidenz der tschechoslowakischen Präsidenten zeigt sich von vorn imposant klassizistisch, der Innenhof eher gutsherrschaftlich mit Renaissancearkaden. Ein Hotel mit Restaurant belegt die meisten Räumlichkeiten *(Hotel zámok Topoľčianky, Parková 1, Tel. 037/630 11 11, Fax 630 18 63, €€)*. Die präsidialen Repräsentationsräume harren einer Restaurierung, haben in ihrer Verschlafenheit aber durchaus Charme. Bekannt ist Topoľčianky auch für seine Pferdezucht, und im Wildgehege hinter dem Schlosspark grasen u. a. Bisons.

Tribeč-Gebirge [119 D3–4]

Vom Campingplatz im 15 km von Nitra entfernten Jelenec führen Wanderwege in den hellen Laubwald. Vom Nachbardorf *Kostoľany pod Tribečom* (17 km) gibt's weitere Wanderwege, auch zum »Gipfel« des ganzen Gebirgszugs, dem ↘ Großen Tribeč (*Veľký Tribeč*, 829 m). Kunstfreunde finden im Ort ein seltenes Beispiel frühgotischer Architektur: Das kleine, unspektakuläre *St. Georgs-Kirchlein* weist archaische Freskenbemalung auf.

PIEŠŤANY

[118 C3] ★ Ein Mann, der seine Krücke bricht, ist das Symbol des auf Deutsch Pischtyan genannten Heilbads (35 000 Ew.). Bis weit in die Römerzeit zurück gibt es Belege für die Heilkraft der leicht radioaktiven und schwefelhaltigen Quellen, die mit etwa 67 Grad dem Boden entströmen und vor allem bei Gelenkleiden Linderung versprechen. Außergewöhnliche Wirkung wird dem schwefelhaltigen Schlamm zugeschrieben. Um die Jahrhundertwende schickte sich die Familie Winter an, die Reichen und Schönen aus der ganzen Welt mit internationalen Werbekampagnen hierher zu locken, was die weltweite Bekanntheit des Ortes begründete. Der Badebetrieb ist heute wieder privatisiert, und man versucht, an frühere Zeiten anzuknüpfen. Vieles ist aufs Schönste renoviert. Und so lassen sich auch private Wellnesstage – außerhalb verordneter Kuren – im größten slowakischen Heilbad zu günstigen Preisen genießen.

Teichanlage im Kurpark Piešťany

SEHENSWERTES

Altstadt und Uferpromenade
Sehr weit kann man in den Stadtbereich mit dem Auto nicht vordringen. Die Fußgängerzone ist kleinstädtisch, hier mischt sich Kurpublikum mit Einheimischen. Deutsche und Österreicher sind oft herauszuhören; sie stellen den Löwenanteil an Kurgästen. Zwischen Zentrum und luftiger Uferpromenade *(Nábrežie Ivana Krasku)* mit Blick auf die Bäderinsel liegt der Kurpark mit dem Kulturhaus.

Bäderinsel (Kúpeľný ostrov)
Stadtkern und Kurbetrieb sind durch eine Fußgängerbrücke *(Kolonádovy most)* getrennt. Auf der Brücke kann man von Bänken vor einer schützenden Glaswand den schönen Ausblick genießen. Auf der Bäderinsel führen Spazierwege zu den großzügig angelegten Kurhäusern im gepflegten Park. Gegenüber der Brücke stehen das *Thermia Palace* mit seinem Bad *Irma* im Jugendstil, das seit 2004 in neuem Glanz erstrahlt, linker Hand das *Napoleonsbad:* 2001 nach einer Komplettsanierung wieder eröffnet, bieten die gefälligen Flachbauten aus dem 19. Jh. in Kaisergelb auch ambulante Anwendungen.

MUSEUM

Balneologisches Museum
Im ehemaligen Kursalon (1893) sind Gerätschaften zusammengetragen, die beim Kuren über die Jahrhunderte Körper und Seele wieder auf die Beine verhalfen. Außerdem viele antike Funde. *Di–So 9–12 und 13–17 Uhr, Beethovenova 5*

ESSEN & TRINKEN

Jazz Art Gallery
Insider Tipp

Caférestaurant in der Fußgängerzone, das Ambiente eine Mischung aus Bistro und Wohnzimmer, angenehm ungezwungen. Montags Jazzkonzerte gratis, freitags muss man Eintritt zahlen. *Winterova 29, tgl. 10–23 Uhr, Tel. 033/762 55 59, €€*

Koliba Červená veža
Zum Stadthügel Roter Turm *(Červená veža)* führt ein gemächlicher Wanderweg. Oben angekommen, werden Sie mit einem herr-

lichen Ausblick sowie mit deftiger Küche vom offenen Feuer belohnt. Am Wochenende Livemusik. *Červená veža, Tel. 033/762 34 28, €€*

Die Kurhäuser der Bäderinsel sind fast alle saniert, die hier genannten Hotels bieten behagliche Zimmer. Je nach Saison und Preiskategorie kann man in den 1970er-Jahre-Häusern *Balnea Esplanade* oder *Splendid* (€€) sowie in der schmucken *Villa Berlin* (€) auf der Stadtseite auch Einzelübernachtungen bzw. 3- bis 5-tägige Schnupperkuren mit Massagen und Bädern in hoteleigenen Thermalbecken buchen. *Heilbad Piešťany, Central reservations & Info office, 92129 Piešťany, Winterova 29, Tel. 033/775 77 33, Fax 775 77 39, reservations@healthspa.sk, www.spa-piestany.sk*

Penzión Benátky

Hinter der Fahrbrücke liegt an der Waag die Familienpension im Grünen, schönes Restaurant mit Terassencafé im Garten. *15 Zi., Topoľčianska ul. 1, Tel. 033/772 11 89, Fax 762 84 28, www.benatky.sk, €*

Kulturelle Veranstaltungen gibt's wie in anderen Kurstädten besonders am Nachmittag. Abends spielt häufig die Slowakische Philharmonie (sie hat hier ihren Sommersitz).

Casino Piešťany

Ein Tribut an internationale Gepflogenheiten ist das Casino, betrieben von einem österreichischen Unternehmen. American Roulette, Black Jack. *Tgl. 18–3 Uhr, Pribinova 1*

Fürs Baden und Windsurfen steht der Waag-Stausee *Sĺňava* im Süden von Piešťany zur Verfügung. Seit Sommer 2004 ist der 9-Loch-Golfplatz auf der Bäderinsel nach jahrzehntelanger Pause wieder in Betrieb. *Info: Tel. 033/775 41 31, Fax 775 41 32, www.spagolf.sk*

PIC (Piešťanské informačné centrum)

Pribinova 2, 92129 Piešťany, Tel. 033/771 96 21 (-22), Fax 772 23 90, www.pic.piestany.sk, Mai–Sept. Mo bis Fr 9–20, Sa 9–14, So 14–18, Okt.–April Mo–Fr 9–18, Sa 9–14, So 14–18 Uhr

Brezová pod Bradlom [118 B3]

Wer sich für slowakische Nationalgeschichte interessiert, sollte zum Mausoleum von General Milan R. Štefánik hinaufsteigen. Er war der maßgebliche Slowake, der neben dem berühmten Tomáš G. Masaryk zu den Gründervätern der ersten Tschechoslowakischen Republik gehört und bei einem Flugzeugabsturz ums Leben kam. Über dem 25 km entfernten Ort Brezová steht auf dem Hügel Bradlo ein imposantes Grabmal *(Štefánikova mohyla)* mit herrlichem Rundumblick. Gebührenpflichtiger Parkplatz.

Burgruine Čachtice (Čachtický hrad) [118 C2]

Unter den blutrünstigen Blaublütern rangiert sie in der Überlieferung gleich hinter Graf Dracula: die »blutige Herrin von Čachtice« bevorzugte zur Verjüngungskur angeblich ein Bad in Jungfrauenblut. Zum wahren Kern der Geschichte gehört, dass Elisabeth Báthory (1560 bis 1614) wegen Mordes an jungen Mädchen verurteilt wurde. Die Burg Čachtice ragt nur noch als Ruine aus dem Karstgebiet der Kleinen Karpaten auf, man kann sie auf einem markierten Weg von Višňové (22 km entfernt) aus erreichen. *Múzeum Čachtice, Mai–Okt. Di–Sa 9.30–17 Uhr, Draškovičov kaštieľ*

TRENČÍN

[119 D2] Malerisch schmiegt sich die Altstadt der »Perle des Waagtals« (59 000 Ew.) an den Fuß des Burgfelsens. Inzwischen ist Trenčín längst über das Waagufer hinaus gewachsen. Die weithin sichtbare, wehrhafte Burg ist ein touristischer Anziehungspunkt der Region. Und auf eine kleine, unscheinbare Steintafel ist man zu Recht stolz: Die römische Inschrift aus dem Jahr 179 n. Chr. kündet von Truppen des legendären römischen Kaisers Marc Aurel, die hier das Lager Laugaricio gründeten. Die Reliquie ist durch ein Fenster im Hotel Tatra zu besichtigen (freier Zugang). Trenčín gilt in der Slowakei seit langem als Stadt der Mode. Den berühmten guten Wacholderbrand aus Trenčín brennt inzwischen allerdings ein britisches Unternehmen, das den Staatsbetrieb übernommen hat.

SEHENSWERTES

Burg (Hrad) Trenčín

★ Der gefürchtete »Herr über Waag und Tatra«, der streitbare ungarische Adelige Matúš Čák, regierte im 14. Jh. von der Trenčíner Burg wie ein König über die von ihm unterworfenen Gebiete. Das Geschlecht der Zápoľskýs baute sie dann zu einem bequemen Feudalsitz aus. Ihre Grundfesten gehen auf das 11. Jh. zurück. Über die Pfarrstiegen *(Farské schody)* ist sie nur zu Fuß erreichbar. Zwei dicke, runde Wehrtürmchen markieren den Durchschlupf zum tatsächlichen Burgareal. Auf dem kleinen Plateau am Fuß der abweisenden Burgmauern fechten meist im Juni streitlustige Rittergestalten zur Belebung der Szenerie *(Mai–Sept. 9–17, Okt.–April 9–16 Uhr)*. Hier steht auch der Omar-Brunnen und außerdem gibt es eine ✿ unvergleichliche Aussicht ins Waagtal und zu den Weißen Karpaten hinüber. Stimmungsvoll sind die Abendführungen durch die Burg mit Blick auf das nächtliche Trenčín und die Waag *(Juli/Aug. jeden 2. Sa 21.30 Uhr, nur bei schönem Wetter)*.

Friedensplatz (Mierové nám.)

Von der Burg aus ist dieser zentrale Stadtplatz mit seinen Fassaden vorwiegend aus dem 18. Jh. besonders schön zu überblicken. Die Pestsäule in seiner Mitte wurde 1712 aufgestellt. Blickfang ist die doppeltürmige Kirche des Piaristenordens; hinter ihren ockergelben Mauern verbirgt sich barocke Pracht. Der Stadtturm wird auch »Türkentor« genannt und ist im Sommer zu besichtigen *(1. Juli–12. Sept. tgl. 10 bis 20 Uhr stündlich)*. Die dahinter liegende Synagoge ist eine der größten noch erhaltenen des Landes. Sie lässt auf eine bedeutende jüdische Gemeinde schließen; der Kuppelbau entstand 1911 in orientalisierendem Stil.

MUSEEN

Bazovský-Galerie (Galéria M. A. Bazovského)

Die Galerie ist dem bedeutenden Maler der slowakischen Moderne, Miloš Alexander Bazovský, gewidmet, der in Trenčín seine letzten Lebensjahre verbrachte. Themen des bäuerlichen Leben wusste er auf modern-abstrakte, zuweilen auch kritische Weise darzustellen. *Di–So 9–17 Uhr, Palackého ul. 27*

Regionalmuseum Trenčín (Trenčianske múzeum)

In dem schönen spätbarocken Komitatsgebäude zeigt das Museum Funde zur Stadtgeschichte sowie viel Naturwissenschaftliches zur ganzen Trenčíner Region. *Di–So 9 bis 16 Uhr, Mierové nám. 46*

ESSEN & TRINKEN

Cukráreň Pena

Das sympathische kleine Café am Burghang bietet Eisspezialitäten (die Eistorten sind besonders geschätzt) und eine kleine, luftige Sommerterrasse. *Matúšova ul. 10, €*

Maritim

🏃 Auch für Nichtschwimmer – das Restaurant im neuen Hallenbad wurde zu einem beliebten Treffpunkt der Einheimischen. *Mládežnícka ul., Tel. 032/744 35 73, €€*

Reštaurácia Trenčan

Gasthaus im slowakischen Landhausstil am Rand der Altstadt; die schmackhafte traditionelle Küche – lecker der »Räuberspieß« *(živánska)* – kann man auch in den schattigen Lauben des Hofes genießen. *Ul. 1. mája 1, Tel. 032/652 15 71, €*

Slovenská reštaurácia

Gepflegt-rustikales Lokal im Hotel Tatra, bemüht sich nicht so angestrengt um internationale Küche wie das *Tatra* im 1. Stock. Gute slowakische Spezialitäten. *Ul. M. R. Štefánika 2, Tel. 032/650 61 11, €€*

ÜBERNACHTEN

Hotel Brezina

Schlichtes Hotel mit Restaurant im gleichnamigen Waldpark. Spazierwege und Fitnesspfad vor der Tür. *20 Zi., Lesopark Brezina, Tel. 032/ 652 81 72, Fax 652 81 73, www. hotel-brezina.sk, €€*

Hotel Tatra

⭐ Etwas zuckrig die Fassade, aber sonst stilvoll scheint das Hotel den Burgberg zu stützen. Renoviert, komfortable Zimmer, guter Service. Günstige Romantik-Wochenenden. *70 Zi., Ul. M. R. Štefánika 2, Tel. 032/650 61 11, 650 61 03, Fax 650 62 13, tatra@tn.sknet.sk, €€€*

Penzión Harmónia

Angenehme, kleine Pension, moderne Ausstattung, nur wenige Minuten vom Zentrum. *6 Zi., Ul. M. R. Štefánika 32, Tel./Fax 032/744 61 20, www.penzionharmonia.sk, €*

Penzión Svorad

Im ehemaligen Internat der Piaristen sind nur Nichtraucher willkommen; einfach, gut, mittendrin. *20 Zi., Palackého ul. 4, Tel./Fax 032/ 743 03 32, www.svorad-trencin.sk, €*

AM ABEND

STEPS

🏃 Kaum einen Schritt kann man an Wochenenden abends in diese beliebte Bar machen: Disko und Livejazz (Fr) sorgen für Stimmung. *Sládkovičova 6, Tel. 032/744 01 21*

AUSKUNFT

Kultúrno-informačné centrum (KIC)
Sládkovičova 1, Tel./Fax 032/ 743 35 05, www.trencin.sk

ZIELE IN DER UMGEBUNG

Burg Beckov (Hrad Beckov) [118 C2]
Nicht direkt am Fluss, aber so günstig auf einem Felsen liegt die 21 km entfernte Burg, dass sie ein großes Stück des Waagtals überblickt. Archäologen haben eine Bebauung seit der Zeitenwende nachgewiesen; bedeutend war die Anlage im Mittelalter als Königsburg. Seit dem Brand von 1804 steht sie nahezu als Ruine, einzelne Teile sind aber zu besichtigen. *Mai–Okt., Di–So 9–16 Uhr*

Lednické Rovne [119 D1]
Ein wenig störend ragen 45 km entfernt die Gebäude der größten slowakischen Glasfabrik zwischen den Kuppen der Weißen Karpaten auf. Aber die Ausdehnung des Firmengeländes hält sich in Grenzen. Unweit des Ortskerns wird in einem ehemaligen Gutshaus die historische Produktion des für die Gegend typischen Materials Glas präsentiert (mit Verkaufsraum). *Slovenské sklárske múzeum, Mo–Fr 8–15 Uhr*

Trenčianske Teplice [119 D2]
Der traditionsreiche Thermalkurort (4000 Ew.) liegt 15 km von Trenčín entfernt. Auch die alte Eisenbahnstrecke zweigt hier vom breiten Waagtal in ein viel engeres zwischen den Strážov-Höhen *(Strážovské vrchy)* ab. Neben dem gesunden Bad im warmen Wasser gibt es auch hier wieder gute Möglichkeiten zu Spaziergängen und Wanderungen. Die Quellen sind seit dem frühen

Felsenfeste Liebe

Die Geschichte von Omar und Fatima

An den tiefen Brunnen (79,2 m) der Burg von Trenčín knüpft sich die Sage von Omar und Fatima, deren Namen heute noch für viele Gastronomiebetriebe herhalten müssen. Zu Beginn des 16. Jhs., als die Osmanen die Burg zu erstürmen versuchten, konnte Stefan Zápol'ský eine wertvolle Kriegsgefangene machen: die schöne Fatima, die Verlobte des Heerführers Omar. Omar trat mit vielen Kostbarkeiten vor Stefan und bat um die Herausgabe seiner Braut. Doch der Burgherr, selbst kein Armer, wollte lieber etwas, das er sich nicht so einfach kaufen konnte: Wasser auf der Burg. Um den Preis seiner geliebten Fatima ließ sich Omar darauf ein, einen Brunnen in den Burgfelsen zu graben. Der Legende nach grub er drei lange Jahre, bis er Stefan den ersten Becher Wasser reichen konnte. Dabei soll er bitter bemerkt haben: »Hier ist das Wasser, doch dein Herz ist härter als dieser Felsen.«

Der orientalische Hamam des Kurhauses von Trenčianske Teplice

Mittelalter bekannt. Trentschin-Teplitz war im 19. Jh. in ganz Europa ein Begriff. Die Kurhäuser bieten eine architektonische Rückschau auf vergangene Zeiten (inklusive sozialistischer Großbauten). Exotisch ist der orientalische Hamam (1888). Stilechte Übernachtung bietet die *Pension Vila Tereza, 5 Zi., 5 App., 17. novembra 19, Tel. 032/655 30 51, Fax 655 35 04, €– €€*. Angenehm modern: *Hotel Adria, 41 Zi., Hurbanova 21, Tel./Fax 032/655 34 72, €. Auskunft: Kurverwaltung, Tel. 032/655 22 89, www.slktn.sk*

TRNAVA

Karte in der hinteren Umschlagklappe

[118 C4] Trnava gehört mit 70 000 Ew. zwar zu den größeren Städten des Landes, dennoch würde wohl niemand bei dem beschaulichen Städtchen den Beinamen »slowakisches Rom« vermuten. Ein Blick in die Stadtgeschichte belehrt eines Besseren. Als die Türken den Süden Ungarns belagerten, verlegte man 1541 das Erzbistum Esztergom in die Stadt am Rand der Donauebene. Es folgte der Bau weiterer Kirchen, sodass sich heute in der Altstadt elf Gotteshäuser, inklusive zweier Synagogen drängen. Die 1635 gegründete Universität von Trnava erblühte bald zu einer der bedeutendsten in ganz Ungarn. Nach der politischen Wende von 1989 wurde sie erneuert. Studentenleben sorgt seither für jugendlichen Schwung in der traditionsreichen Priesterstadt.

SEHENSWERTES

Domkirche St. Nikolaus (Kostol sv. Mikuláša)
Ihre zwei Spitzhelme sind ein Wahrzeichen der Stadt. Grundlage ist ein dreischiffiger gotischer Bau, der 1618–30 barockisiert wurde. 1741 kam die Nordkapelle vom Wiener Baumeister Lucas Hildebrandt hinzu. Sie ist Maria geweiht, deren Figur als Hl. Jungfrau von Trnava verehrt wird. Der Legende nach soll sie bei großem Unglück stets Tränen vergossen haben. *Nám. sv. Mikuláša*

Platz der Hl. Dreifaltigkeit (Trojičné námestie)
Der zentrale, weitläufige Platz von Trnava ist benannt nach der barocken Säule am oberen Ende. Gleich dahinter findet sich das klassizistische *Theater* (1831). Gegenüber erhebt sich der massive *Stadtturm* aus der Renaissance (1574), der im Barock die verspielte Kuppel erhielt. ☀ Der Aufstieg lohnt, man hat einen guten Rundblick auf die Türme der geistlichen Stadt *(Mai–Sept. Besichtigung jeweils zur vollen Stunde tgl. 10 und 11 sowie 13–18 Uhr).*

Universitätskirche
(Univerzitný kostol)

⭐ Der frühbarocke Monumental-
bau ist der größte seiner Epoche auf
slowakischem Gebiet und Johannes
dem Täufer geweiht. Nach Plänen
der Spazzo-Brüder aus Italien entstand er 1629–37. Höhepunkt im
Innern: der Hauptaltar (1640) mit
z. T. überlebensgroßen Holzplastiken. *Univerzitné nám.*

MUSEEN

Ján-Koniarek-Galerie
(Galéria Jána Koniarka)

Topadresse für zeitgenössische,
auch internationale Kunst; untergebracht in der 1902 erbauten Synagoge, die nach jahrzehntelanger
Verwahrlosung für ihre neue Be-
stimmung nicht restauriert wurde.
Sie erinnert somit an ihre z. T. leid-
volle Vergangenheit. *Di–Fr 9–17,
Sa/So 13–18 Uhr, Halenárska ul.*

Westslowakisches Museum
(Západoslovenské múzeum)

Von der Tierwelt der Kleinen Karpaten über Alltagsdinge bis zu sa-
kralen Gegenständen reicht die
Sammlung im ehemaligen Klarissen-
kloster. *Juni–Sept. Di–Fr 9–17, Sa/
So 10–18, Okt.–April Di–Fr 8–16,
Sa/So 11–16 Uhr, Múzejné nám. 5*

ESSEN & TRINKEN

Penguin – Zelený dom

Pizzeria, Café und gepflegtes Restaurant unter einem Dach. *Hlavná
40, Tel. 033/551 36 85, €–€€*

Vináreň u Jozefa

Stilechte Weinschänke, in der gut
aufgekocht wird. *Hlavná 13, Tel.
033/551 12 94, €*

ÜBERNACHTEN

Garni Hotel Sheyly's

Schlichte, neue Herberge fast noch
im historischen Zentrum, eigener
Parkplatz. *10 Zi., Klempova 2, Tel.
033/535 08 53, Fax 535 08 52,
www.sheylys.sk, €*

Hotel Barbakan

In einem der typischen eingeschos-
sigen Stadthäuser entstand dieses
kleine Hotel mit tiefem Innenhof;
modern-schlichte Ausstattung, Restaurant und Bierkeller mit altem
Gewölbe im Haus. *22 Zi., Štefánikova 11, Tel./Fax 033/551 40 22,
www.barbakan-trnava.sk, €€*

AUSKUNFT

Trnavský informačný servis (TINS)

*Trojičné nám. 1, Tel./Fax 033/
551 10 22, tins@nextra.sk*

Domkirche St. Nikolaus in Trnava

Nicht nur für Gipfelstürmer

Die höchsten Gebirgszüge der Slowakei bieten Wanderern wild-romantische Touren und Extremsportlern echte Herausforderungen

Hinter Žilina ostwärts tauchen Sie in die dramatische Bergwelt der Slowakei ein. Die Waag durchbricht bei Strečno den Gebirgszug der Kleinen Fatra *(Malá Fatra)*. Südöstlich davon ragen hinter den Städten Martin und Ružomberok die Kuppen der Großen Fatra *(Veľká Fatra)* auf. Danach folgt der Landstrich Liptau *(Liptov)*, eine breite Talsenke mit dem Stausee Liptovská Mara zwischen der Niederen *(Nízke Tatry)* und der Hohen Tatra *(Vysoké Tatry)*. Streng genommen muss aber bei Letzterer, dem weltbekannten Markenzeichen der Slowakei, noch unterschieden werden: Der nördliche Tatrabogen wird westlich von Liptovský Mikuláš als West-Tatra *(Západné Tatry)* bezeichnet. Und im östlichen Halbrund folgt auf die Hohe Tatra die quer dazu verlaufende Belaer oder Weiße Tatra *(Belianske Tatry)*. Insgesamt kann die Tatra mit 15 Gipfeln aufwarten, die höher als 2500 m aufragen. Alle diese Gebiete gehören zu Nationalparks, nahezu ursprünglicher Naturgenuss ist garantiert. Neben Extremsportlern, die steile

Faszinierende Gebirgslandschaft: Bergsee in der Hohen Tatra

Verzierte Hausfassade in Čičmany

Felswände bezwingen wollen, sowie passionierten und Gelegenheitswanderern kommen auch ganz Bequeme auf ihre Kosten. Denn selbst in der Hochgebirgsregion sprudeln heiße Thermalquellen, und auch vom Schwimmbeckenrand aus lassen sich die Berge in der Ferne genießen. Und schließlich ist auch für Kulturhungrige etwas dabei.

HOHE TATRA

[121 E–F2] Das imposanteste Kernstück des Karpatenbogens ist die Hohe Tatra *(Vysoké Tatry)*. Majestätisch zieht sich der Hauptkamm zwar nur bescheidene 26 km entlang, fällt aber kaum unter die 2000-m-Marke. Aus einem der Seitenhorste ragt der höchste Gipfel,

Wetterstation auf der Lomnitzer Spitze

die *Gerlsdorfer Spitze (Gerlachovský Štít,* 2655 m) empor, gefolgt von der *Lomnitzer Spitze (Lomnický Štít,* 2632 m), auf die eine Seilbahn fährt. Hier befindet sich eine Wetterstation. »Mini-Alpen« nennt man die Hohe Tatra gern, denn sie versammelt auf relativ kleinem Raum (auf slowakischer Seite 260 km²) nahezu das ganze Alpen-Repertoire an Landschaftsformen. Die Tatra-Magistrale *(Tatranská magistrála)* verbindet auf etwa 70 km alle wichtigen Orte von Podbanské bis zur Weißen Tatra. Streckenweise oder in mehreren Tagesetappen (es gibt Berghütten zum Übernachten) können Sie sich diesen Tatraabschnitt erwandern.

Združenie cestovného ruchu Vysoké Tatry (Tatra Info-Büro) Dom služieb, P. O. B. 7, 06201 Starý Smokovec, Tel./Fax 052/442 31 27, Tel. 442 34 40, www.zcrvt.szm.sk

ZIELE IN DER HOHEN TATRA

Červený kláštor [121 F1]

Das altehrwürdige, 1319 gegründete Kloster Červený kláštor, ca. 40 km nördlich von Kežmarok im Gebirgszug der Pieninen *(Pieniny)* gelegen, ist wegen des pflanzenkundigen Mönchs Cyprián (1724 bis 74) berühmt, dessen *Klosterapotheke* zu besichtigen ist *(Mai bis Sept. Mo–So 9–17, Okt.–April Di bis Sa 10–16 Uhr).*

Außerdem können Sie hier zu einem Naturerlebnis der besonderen Art aufbrechen, denn Červený kláštor ist der Ausgangspunkt zu einer etwa 9 km langen ★ *Floßfahrt auf dem Dunajec,* dem Grenzfluss zu Polen. Die »Gondoliere« sind meist Goralen, Angehörige einer Volksgruppe der polnischen Beskiden, die ähnlich wie ihre venezianischen Kollegen bei der Fahrt durch enge Schluchten ein Lied anstimmen. *Flößersaison: Mitte April bis Okt., tgl. 8–18 Uhr*

Podbanské [121 E2]
Mit diesem Ort beginnen die Touristengemeinden der Hohen Tatra, die sich zum Verbund Vysoké Tatry zusammengeschlossen haben. Podbanské ist einer der unspektakulären Gebirgsorte, wo man sich vor allem auf Sport und Freizeit und weniger auf das schicke Après konzentriert. Über den Ort wacht der sagenumwobene *Kriváň* (2495 m). Der »Krümmling« (das bedeutet sein Name auf Deutsch) wurde bei den Slowaken zu einem heiligen Berg. Die Nationalbewegten in der Mitte des 19. Jhs. wählten sich ihn zum mythischen Wallfahrtsort. Auf Wanderwegen unterschiedlicher Schwierigkeitsgrade können Sie sich ihm nähern.

Wer im *Grand Hotel Permon* übernachtet, hat den Kriváň – sofern er sich nicht in Wolken hüllt – stets im Blick, egal ob beim Frühstück oder im Schwimmbad. Aus dem ehemaligen Gewerkschaftserholungsheim wurde ein Vier-Sterne-Hotel, dessen renovierte Zimmer und das Restaurant diesen Status bereits verdienen, das Äußere leider noch nicht. Gutes Restaurant. *122 Zi., Podbanské 18, Tel. 052/ 471 01 11, Fax 449 01 33, www. hotelpermon.sk*, €€

Starý Smokovec [121 F2]
Der berühmteste und glanzvollste Name, wenn es um die Hohe Tatra geht. Hier wollte der Schweizer Arzt Nikolaus Szontagh ein zweites Davos entstehen lassen. Bestaunen Sie schöne alte Sanatorien mit tiefen Balkonen, die Schnitzwerk und Bemalungen im Tatra-Stil zieren. Fünf Thermalquellen sorgten schon

MARCO POLO Highlights
»Fatra und Tatra«

★ **Orava-Burg**
Waghalsig gebaute Burg am Tor zur West-Tatra (Seite 64)

★ **Demänova-Höhlen**
Zwei der schönsten slowakischen Höhlen gleich nebeneinander (Seite 62)

★ **Roháče-Massiv**
Stille Zweitausender der West-Tatra (Seite 65)

★ **Bojnice**
Romantisches Schloss, bevölkert von Märchenfeen und Unholden (Seite 67)

★ **Museumsdorf Vlkolínec**
Ein traditionelles Bauerndorf wird Unesco-Weltkulturerbe (Seite 63)

★ **Štrbské Pleso**
Höchstgelegene Gemeinde mit tiefblauem See (Seite 58)

★ **Floßfahrt auf dem Dunajec**
Abenteuer auf dem Grenzfluss zu Polen (Seite 56)

★ **Vrátna-Tal**
Auf Jánošíks Pfaden durch eines der schönsten Täler der Slowakei (Seite 60)

Mitte des 19. Jhs. für zahlreiche Sommerfrischler. Ein angenehmes, kleines Café mit großer Kuchenauswahl ist das Café Hoepner im Gastrokomplex gegenüber dem Hotel Grand. Hier werden in der Saison samstags Jazzkonzerte veranstaltet. Zur Übernachtung bietet sich das Horský Hotel Hrebienok an. Das Berghotel an der oberen Station der Seilbahn zum Hausberg von Smokovec ist schlicht, aber renoviert, und man kann vom Haus weg in die Berge marschieren (30 Zi., Starý Smokovec, Tel. 052/442 50 60, Fax 442 50 63, hrebienok@sorea.sk, €). Am Ortsrand in nördlicher Richtung steht das äußerlich unscheinbare Hotel Bellevue mit komplett sanierten, freundlich gestalteten Zimmern; Restaurant und Pool im Haus (50 Zi., Horný Smokovec, Tel. 052/442 29 41, Fax 442 27 19, www.panowelt.biz/bellevue, €€).

Junge Leute und Bergfreaks treffen sich im Tatra-Pub in stilechter Tatra-Ausstattung (auch Bücher und Karten gibt's hier zu kaufen); monatliches Musikprogramm mit Disko und Partys am Wochenende (bei der Bushaltestelle an der Hauptstraße, Tel. 052/442 24 48). Party-Feeling herrscht an Wochenenden auch in der Cristall-Bar des Grand Hotel von Starý Smokovec.

Štrbské Pleso [121 E2]

★ Auf 1335 m die höchstgelegene Siedlung der Slowakei. Der Bergsee, der ihr seinen Namen gab – der Tschirmer See – ist im Gegensatz zu den meisten anderen, die erwandert werden müssen, sehr bequem zu erreichen. In Štrbské Pleso hat die seit 1912 von Poprad verkehrende elektrische Tatrabahn ihre Endstation. Von da ist es nur noch ein Fußweg zum tiefblau schimmernden See, der zu einer Rundwanderung einlädt. Ende des 19. Jhs. wurde Štrbské Pleso zum Luftkurort, neben Hotels stehen hier also auch Kurhäuser.

Das Hotel FIS wurde zu einem vielseitigen (Schwimmbad, Fitnessraum, Sporthalle) und erschwinglichen Familienhotel, wo man auch kleine Bungalows mieten kann (60 Zi., Štrbské Pleso, Tel. 052/449 22 21, Fax 449 24 22, www.hotelfis.sk, €€). Auf der Wiese nebenan (Mlynická lúka) wurde in einem modernen Holzblockhaus eine typische Koliba (Reštaurácia Koliba, €€) eingerichtet, die auf Grund der drei überlebensgroßen Holzfiguren davor nicht zu verfehlen ist.

Tatranská Lomnica [121 F2]

In dieser nördlichsten Tatra-Gemeinde glaubte man, den Boom von Starý Smokovec zu Beginn des 20. Jhs. fortsetzen zu können. Doch außer ein paar repräsentativen Häusern blieb Tatranská Lomnica die eher unspektakuläre Schwester für Sportler und Familien. Dafür ist hier alles, was man sich an sportlichen Aktivitäten für die Berge vorstellen kann, auch möglich, sommers wie winters: Wandern, Skifahren, Klettern, Mountainbiking. Unter www.tatry.sk finden Sie detaillierte Infos zu den einzelnen Sportarten. Im Tatra-Museum können Sie im Sommer naturkundliche Wanderungen buchen (Múzeum TANAPu, Mo–Fr 8 bis 16.30, Sa/So 8–15 Uhr; in der Nebensaison Sa/So geschl., Tel. 052/446 71 95). Bei T-Ski-Travel (mehrere Filialen in der Tatra) können Sie Skilehrer und Ausflüge buchen sowie Ausrüstung mieten (No-

Der »Zauberberg« von Tatranská Lomnica – das Grandhotel Praha

vý Smokovec, Tel. 052/442 50 33,
Fax 442 32 01).

Zur Verpflegung gibt es in den Hochgebirgsorten außer Imbissbuden und wenigen Selbstbedienungslokalen nur die Restaurants der Hotels, die insgesamt eine anständige Küche bieten. Wie bei Großmutter, so die Übersetzung, schmeckt's im gemütlichen Gasthaus *U starej mamy* im Zentrum an der Tatra-Bahnstation *(Tel. 052/446 77 13, €)*.

Erste Adresse zum Übernachten ist das *Grandhotel Praha*. Hier kann man erahnen, was es einmal bedeutete, in die Tatra zu fahren. Viel roter Teppich, tiefe Sessel und Lüster. Der alte Glanz wurde etwas zuckrig aufpoliert, und die inzwischen renovierten Zimmer sind nicht wirklich luxuriös, dafür ist das Haus bis auf die Spitzenzeiten der Hauptsaison als komfortables Hotel erschwinglich geworden. *80 Zi., Tatranská Lomnica, Tel. 052/446 79 41, Fax 446 78 91, www.grandhotelpraha.sk, €€–€€€*

KLEINE FATRA

[120 C2] Die Kleine Fatra liegt wie eine Barriere zwischen Žilina und Martin. Nur der Waag, die sich hier durchzwängt, ist es zu verdanken, dass man keinen Pass überqueren muss. Der Teil nördlich der Waag bildet den Nationalpark Kleine Fatra. Der höchste Gipfel ist der *Veľký Kriváň* (1709 m), während der für die Fatra charakteristische *Veľký Rozsutec* (1610 m) der Liebling der Slowaken ist. Die Touristenregion Kleine Fatra beginnt hinter Žilina und zieht sich am Bach Varínka entlang.

ZIELE IN DER KLEINEN FATRA

Martin   **[120 C2–3]**
Martin (61 000 Ew.) ist eine für die slowakische Geschichte bedeutende Stadt. Für Touristen interessant ist vor allem das *Nationalmuseum*,

Meeraugen

Tiefe Gletscherseen in der Tatra

Was haben die Slowakei und das Hochgebirge mit dem Meer zu tun? In der Tatra entstand beim Abschmelzen der Gletscher eine Vielzahl kleiner Seen. Meist werden sie *pleso*, Gebirgssee genannt. Der größte jedoch heißt *Morské oko* (Meerauge). Der Überlieferung nach vermutete man aufgrund der ungewöhnlichen Tiefe vieler der Seen eine unterirdische Verbindung zum Meer. Im slowakischen Teil der Tatra gibt es etwa 100 solcher Bergseen. *Modré pliesko* ist der höchstgelegene (auf 2192 m), *Vel'ké Hincovo pleso* der größte (gut 20 ha), gefolgt vom leicht zugänglichen *Štrbské pleso* (knapp 20 ha).

das eine umfangreiche Sammlungen zur Volkskultur zeigt. Die sehr schönen Exponate reisen zu Ausstellungen schon mal um die halbe Welt. *Slovenské národné múzeum, Di–So 9–17.30 Uhr, Malá Hora 2*

Strečno [120 B2]

Dort, wo die Waag sich durch die Kleine Fatra zwängt, entstand im 14. Jh. über der Flussschleife die Burg Strečno. Seit 1993 ist die Burgruine (mit einem kleinen Museum) zugänglich, sie lohnt allein wegen der ⚔ herrlichen Aussicht *(Jan. bis April und Okt.–Dez. Mo–Fr 7 bis 14, Mai–Sept. Mo 8–15, Di–So 9–17 Uhr)*. In Strečno gibt es auch eine Fähre zum anderen Waagufer.

Terchová/Vrátna-Tal [120 C2]

Das touristische Zentrum der Kleinen Fatra ist der Geburtsort des Nationalhelden Jánošík, des »Robin Hood« der slowakischen Wälder, dem in Terchová ein kleines Museum gewidmet ist. Am Abzweig ins ★ *Vrátna-Tal (Vrátna dolina)* steht seine monumentale Stahlplastik. Sie kommen automatisch daran

vorbei, wenn Sie zu einer der schönsten Wanderungen zu den Talengen *(Tiesňavy)* aufbrechen. Diese Klamm wurde vom Bergbach Vrátňanka herausgebildet und gibt immer wieder den Blick frei auf die typischen Formationen der Kleinen Fatra: dicht stehende, spitz zulaufende Felsnadeln. Der Weg dorthin über Obšivanka wird »Räuberpfad« *(Zobojnícky chodník)* genannt. Ihn pflegte Jánošík zu nehmen, wenn er von der Miliz verfolgt wurde. Eine weitere beliebte Klamm sind die *Oberen Löcher (Horné diery)* im Massiv des Rozsutec. Auch hier bahnt sich kaskadenartig fallendes Bergwasser seinen Weg durchs Gestein. Ausgangspunkt der Wanderung dorthin ist der Parkplatz Diery am östlichen Ortsausgang Podhate.

Gute Einkehrmöglichkeiten in Terchová sind das familiär geführte Gasthaus *Starý majer (Tel. 041/ 569 54 19, €€)* mit Sommerterrasse und die *Pizzeria u Adama* in einem der ältesten, typisch slowakischen Holzhäuser *(Gemeindeteil Biely Potok, Mobiltel. 0903/ 52 25 65, €€)*.

Zum Übernachten gibt es im Vrátna-Tal viele kleine Familienpensionen, außerdem werden Ferienhäuser *(chaty)* vermietet. In Terchová sind das *Hotel Terchová*, ein komfortables Hotel mit Blick auf die große Jánošík-Skulptur *(23 Zi., Vratňanska cesta 287, Tel. 041/ 569 56 35, terchova@za.pubnets. sk, €€)* und die *Penzión Iveta*, eine Familienpension etwas abseits des Zentrums *(7 Zi., 1 App., Sídlisko Holúbkova Roveň, Tel./Fax 041/ 569 56 31, €)* empfehlenswert.

Auskunft: Združenie turizmu Terchová, 01306 Terchová, Ul. sv. Cyrila a Metoda 96, Tel. 041/ 500 23 07, Fax 569 53 07, www. terchova.sk

können. Doch auch im hiesigen Nationalpark (NAPANT) lädt eine unvergleichlich schöne Bergwelt zum Naturerlebnis ein. Die höchsten Gipfel sind *Ďumbier* (2045 m) und *Chopok* (2023 m). Der Hauptkamm ist 95 km lang und bildet eine ausgeprägte Barriere zur Mitte des Landes. Das Besondere daran: Er ist von beiden Seiten begehbar, die Wanderungen am Grat entlang bieten unvergessliche Ausblicke sowohl zur Hohen Tatra als auch ins mittelslowakische Erzgebirge.

Auskunft: Informačné centrum mesta (Städtisches Infozentrum), Nám. Mieru 1, 03101 Liptovský Mikuláš, Tel. 044/552 24 18, Fax 551 11 48, www.liptovskymikulas.sk

NIEDERE TATRA

[121 D–E3] Den Bergen der Niederen Tatra fehlen im Schnitt ca. 600 m, um mit den Gipfeln nördlich des Waagtals konkurrieren zu

ZIELE IN DER NIEDEREN TATRA

Demänova-Tal (Demänovská dolina) **[121 D3]**
Das bekannteste Tal der Niederen Tatra: Von Beginn an säumen Pen-

Besucher bestaunen die bizarren Formationen der Demänova-Höhlen

sionen, Privatunterkünfte und Hotels die Straße nach Jasná, dem letzten Dorf mit seinem Bergsee *Vrbické Pleso*. Wichtigste Sehenswürdigkeit in diesem Tal sind die ★ *Demänova-Höhlen* (etwa auf halber Strecke nach Jasná). Die *Eishöhle (Demänovská l'adová jaskyňa)* ist eine der am längsten bekannten in der Welt (1299 erste Erwähnung). Eine phantastische Welt in Eis tut sich hier auf *(15. Mai–15. Sept. Di–So 9–16 Uhr)*. Die *Höhle der Freiheit* in Demänová *(Jaskyňa Slobody)* ist eine der meistbesuchten des Landes, zugänglich sind 1,8 km eines insgesamt über 8 km langen Höhlensystems *(Juni–15. Sept. Di–So 9–16 Uhr; stdl. Führungen; 16. Sept.–15. Nov., Jan.–Mai Di–So um 9, 11, 12.30 und 14 Uhr)*.

Im Sportgebiet des Demänová-Tals gibt es kaum separate Restaurants. Eine der wenigen Ausnahmen ist die einst erste *koliba* des Tals an dessen Anfang: die traditionsreiche und erneuerte *Koliba Tri studničky (Tel. 044/554 81 60, €€)*, ein stilvolles Spezialitätenlokal mit der charakteristischen Feuerstelle und deftigen Speisen. Kulinarisch gemäßigter geht es im stilgetreu eingerichteten slowakischen Restaurant *Mikulášská chata (Tel. 044/559 14 54, €€)* zu, auch hier brennt abends Kaminfeuer, häufig spielen Musikanten auf.

Am Endpunkt des Tals, in Jasná, stehen große Hotels und einfache Touristenunterkünfte. Hotels: *Grand Jasná*, modernes Komforthotel, zwei Restaurants *(120 Zi., Tel. 044/559 14 41, Fax 559 14 54, €€)*. *Mikulášská chata*, traditionelles Berghotel aus Holz, umfassend rekonstruiert, am See Vrbické pleso, Restaurant im Haus *(35 Zi., Tel./*

Fax 044/559 14 54, €€). *Penzión Limba*, ein Komplex von vier modernen Holzhäusern etwa auf halber Strecke nach Jasná, schlichte, aber angenehme Zimmer *(15 Zi., 4 App., Tel. 044/554 82 05, Fax 554 82 09, www.liptour.sk, €)*.

Liptovská Mara [121 D2]

Der Stausee Liptovská Mara bietet unweit des städtischen Zentrums der Region, Liptovský Mikuláš, an seinen Ufern Erholung und Freizeitspaß. Wasserratten fühlen sich in den fünf Becken (30–40 Grad warmes Wasser) des *Thermalbads von Bešeňová* besonders wohl *(tgl. 9–21 Uhr, Eintritt 4,50 Euro)*. Tolles Gebirgspanorama ringsum!

In seiner Nähe eine annehmbare kleine Pension: *Penzión Fontana (Bešeňová 82, 15 Zi, Tel. 044/439 28 57, Fax 439 27 65, www.fontana.sk, €)*. Surfer und Segler bevorzugen das Strandbad mit Autocamping und Feriensiedlung von *Liptovský Trnovec*. Hier entstand auch das bisher größte Spaßbad der Slowakei. Der *Aquapark Tatralandia* Ins' Tip bietet in neun Becken Thermalwasser (24–38 Grad) mit diversen Massagedüsen und -effekten. Etliche Rutschen und ein großes Sportgelände bieten Abwechslung für Aktive *(tgl. 10–21 Uhr, Tagesticket 11 Euro)*. An den Park schließt eine neue Bungalowsiedlung im traditionellen Blockhausstil an. Eine schöne, neue Pension unweit des Sees mit Caravan-Stellplätzen: *Villa Betula (3 Zi., 4 App., Liptovská Sielnica, Tel. 044/559 84 64, Fax 559 84 65, www.villabetula.sk, €)*.

Liptovský Mikuláš [121 D2–3]

Der Ort (34 000 Ew.) ist das städtische Zentrum der Tatra-Region.

Sein Name geht auf den hl. Nikolaus zurück. Sehenswert ist das *Janko-Kráľ-Museum* am historischen Stadtplatz. Es erinnert nicht nur an den berühmten slowakischen Dichter der Romantik, sondern zeigt auch schaurige Folterinstrumente. Im Gebäude war früher das Schiedsgericht untergebracht, und so kann hier jener Eisenhaken bestaunt werden, an dem der Räuberhauptmann Jánošík 1713 sein Leben ließ *(Múzeum Janka Kráľa, Di–Fr 9–16, Sa/So 10–17 Uhr, Okt.–Mai auch Sa geschl., Nám. osloboditeľov 30)*. Am Hauptplatz gegenüber kann man in der *Liptovská izba* (Liptauer Zimmer) stilgerecht regionale Küche genießen *(Tel. 044/551 18 53, €)*.

Museumsdorf Vlkolínec **[120 C3]**
★ Stellvertretend für manch anderes Freilichtmuseum wurde dieses archaisch wirkende Dorf in herrlicher Berglandschaft von der Unesco auf die Welterbeliste gesetzt. Es ist noch bewohnt, deshalb sollten sich Besucher strikt an die Vorgaben am Ortseingang halten. Ein Haus ist als Museum eingerichtet. *Skanzen Vlkolínec, 15. Juni–15. Sept. tgl. 9–17, 16. Sept.–14. Juni Di–Fr 10–14.30, Sa/So 10–16 Uhr*

WEST-TATRA

[121 D2] Orava wird das Gebiet nördlich von Ružomberok und Liptauer Stausee seit jeher genannt. Es reicht bis zu den polnischen Beskiden und schließt die West-Tatra mit ein. Ihr zerklüfteter Hauptkamm ist etwa 32 km lang, 20 der Gipfel erreichen Höhen von über 2000 m. Im Massiv der Roháče (»die Gehörnten«) findet sich mit dem *Baníkov* (2187 m) die höchste Erhebung der West-Tatra.

ZIELE IN DER WEST-TATRA

**Orava-Stausee
(Oravská priehrada)** **[121 D1]**
Der größte Stausee des Landes (35 km²) bietet Möglichkeiten zum Baden, Segeln, Surfen und Schiffchenfahren. Der Strandbetrieb spielt sich hauptsächlich an der Siedlung *Slanická osada* im Süden ab (da wo man von Dolný Kubín kommend auf den See trifft) sowie am Ufer des Städtchens *Námestovo*. Vom Hafen von Slanická osada bringt einen das Schiff zur *Kunst-Insel Slanica (Slanický ostrov umenia)*. Der ehemalige Kirchberg des im See begrabenen

Literaturtipps

Lektüre zur Einstimmung auf die Reise

Einen guten Überblick über slowakische Geschichte gibt Roland Schönfeld in seinem informativen Buch »Slowakei«. Wer sich dem Land literarisch nähern möchte, findet einen interessanten Querschnitt an Erzählungen im Band »Auf Täubchenfüßen der Literatur«, herausgegeben von Peter Zajac; die schönsten und abenteuerlichsten Geschichten aus dem Volk sind nachzulesen in der Sammlung »Slowakische Volkssagen« von Viera Gašparíková.

Burgenromantik: die Orava-Burg über dem gleichnamigen Fluss

Dorfes ragt als einziges noch aus dem Wasser heraus. Heute ist in der Kirche und im Skulpturengarten viel typische sakrale Volkskunst zu besichtigen. Vom Hafen *Prístav Oravská priehrada* verkehren die Schiffe stündlich *(Mai–Okt.)*.

Oravský Podzámok [121 D2]

Unbestreitbarer Höhepunkt der ganzen Region ist die ★ ⬧ *Orava-Burg (Oravský hrad)*. Sie ragt über dem Dörfchen Oravský Podzámok aus dramatisch steilen Felsen auf. Im Mondschein bietet sie einen Grusel erregenden Anblick. Tagsüber benötigen Sie nur genug Puste, um die diversen Terrassen zu erklimmen, auf denen die Burg im Laufe der Jahrhunderte errichtet wurde. Die Grundsteine gehen auf das 13. Jh. zurück, gebaut wurde von oben nach unten, und immer im gerade herrschenden Stil – von der Romanik über die Renaissance bis zur Neugotik ist alles vertreten. Naturhistorische Exponate machen sie für Kinder zusätzlich interessant *(Juni tgl. 8.30–17, Juli/Aug. 8.30 bis 17.30, Sept.–Okt. 8.30–16 Uhr, nur mit Führung, Eintritt 3 Euro)*.

Tvrdošín [121 D2]

Die älteste Gemeinde der Orava wurde 1265 erstmals erwähnt. Eindrucksvoll die wunderschöne *Allerheiligen-Kirche*. Sie ist eine der wenigen erhaltenen Holzkirchen dieser Gegend vom Ende des 15. Jhs. Nach Umbauten in der Renaissance erhielt sie im Barock einen üppigprächtigen Altar. 1993 bedachte man die gekonnte Restaurierung des Kirchenraums mit der Auszeichnung »Europa nostra« *(Juli bis Sept. tgl. 9–17 Uhr)*.
Auskunft: CS-Tours, Tel./Fax 043/ 532 31 11, cstours@mail.viapvt.sk

Zuberec [121 D2]

Das Dorf liegt am Rand der West-Tatra, von hier geht es durch das *Kalte Tal (Studená dolina)* mitten hinein ins ★ *Rohá če-Massiv*, das als Nationalpark ausgewiesen ist. Fast an jedem Gartenzaun steht meist auf Deutsch: »Zimmer frei«. Anders als in den etablierten Touristenzentren der Niederen und Hohen Tatra geht es hier noch bäuerlich-persönlich zu. Die Privatquartiere und kleinen Pensionen sind z. T. erstaunlich modern. Ein schlichtes, aber angenehmes Berghotel am Rand des Nationalparks ist das *Hotel Primul'a (21 Zi., Tel. 043/ 539 50 01, Fax 539 51 79, €).*

Hier sind Sie beinahe auf Tuchfühlung mit den stillen Zweitausendern. Von der Berghütte *Zverovka (Chata Zverovka, 1020 m)*, die am Ende der Fahrstraße des Kalten Tales liegt, kann man zu den *Rohá čské plesá* (1680 m) aufbrechen. Das sind kleine Bergseen, die auf mehreren Terrassen unterhalb der höchsten Rohá če-Gipfel blau-grün hervorschimmern. Wem diese mittelschwere Wanderung zu viel ist, der wird auch bei geringerer Mühe belohnt: Der See *T'atliakovo jazierko*

bietet für die Erholungspause einen überdachten Sitzplatz und eine Gedenkstätte, die umstehenden Fichten verleihen ihm einen dunklen Widerschein.

Ein Erlebnis ist der Besuch des *Freilichtmuseums* im Kalten Tal. Hier wurden die charakteristischen Bauernhaustypen der Orava-Region aufgestellt, wie sie seit Jahrzehnten nicht mehr gebaut werden. Sie stehen in malerischem Bergwaldgelände, durch das auch ein Bergbach rauscht. Besondere Attraktionen sind (nur im Winter) die ==Abendführungen== des Direktors, bei denen man singend und in Begleitung eines Musikanten von Haus zu Haus zieht *(Skanzen Orava, Juli/Aug. tgl. 8–18, Juni und Sept. 8–17, Okt. bis Mai Di–So 8–15.30 Uhr).*

Im Winter ist die West-Tatra ein Eldorado für Ski-Fans, die auf schickes Aprés-Ski und Diskos verzichten können. Wunderbare Langlaufloipen und Gelegenheiten zum Skiwandern! Erfahrene Führer vermittelt das Info-Büro.

Auskunft (auch auf Deutsch): Turistická informačná kancelária, Zuberec, Tel. 043/532 07 77, Tel./Fax 539 51 97, tatrainfo@stouline.sk

Insider Tipp

Holzschuppen in Zuberec – charakteristisch für die Orava-Region

ŽILINA

[120 B2] Die nördlichste Kreisstadt (87 000 Ew.) wirkt auf den ersten Blick etwas spröde, wegen ihrer Altstadt ist sie aber einen Besuch wert. Neben den aus anderen Städten bekannten Renaissancelauben am zentralen *Marienplatz (Mariánske nám.)* mit der barocken Fassade der Dreifaltigkeitskirche werden Sie in Nebengassen auf bezaubernden, farblich manchmal gewöhnungsbedürftigen Jugendstil sowie auf moderne konstruktivistische Ansätze vom Beginn des 20. Jhs. stoßen – z. B. an der *Sládkovičová ul.* und *Na priekope.*

SEHENSWERTES

Kirche St. Stephan (Kostol sv. Štefana)

Stadtauswärts an der *Závodska ul.* steht eine der seltenen romanischen Kirchen der Slowakei (13. Jh.). Sehenswert sind die zartfarbigen Wandmalereien, die 1950 restauriert wurden. 1995 fand man Fundamente der Fronleichnams-Kapelle aus dem 15. Jh. *Besichtigung im Tourismus-Büro vereinbaren*

Schloss Budatín (Zámok Budatín)

Am Zusammenfluss von Waag und Kysuca hatte diese Wasserburg Wächter- und Zollfunktion. Ältester Teil ist der markante romanische Rundturm (13. Jh.) mit 2 m dicken Mauern und einem Durchmesser von 12 m. Heute ist das Schloss Sitz des *Waagtalmuseums* und beherbergt neben archäologischen Funden zwei bedeutende slowakische Urkunden: die *Žilinska kniha*

(1378) enthält die ältesten Rechtsnormen auf Slowakisch, und das *Privilegium pro slavis* (1381) regelt die Gleichberechtigung zwischen deutscher und slowakischer Bevölkerung. Besonders sehenswert ist die einzigartige Kunst der hiesigen Drahtflechter *(drotári)*. Aus geflochtenem Draht ließen sie Körbe für vielfältigen Gebrauch, Untersetzer, Spiegelumrandungen, allerlei verzierte Halterungen sowie filigrane Figuren und Lüster entstehen. Vielerorts lebt diese alte, für den Nordwesten so charakteristische Kunstfertigkeit wieder auf. *Považské múzeum, Di–So 8–16 Uhr, Topol'ová 1*

ESSEN & TRINKEN

Gazdovský hostinec

Der Name hält, was er verspricht: ein unkompliziertes, gutes Gasthaus *(hostinec). Horný Val 37, Tel. 041/564 36 62,* €

VIX

Gepflegtes Ambiente; das VIX gilt zu Recht als das beste Restaurant der Stadt. *Sládkovičova 164, Tel. 041/562 64 01,* €€

ÜBERNACHTEN

Doprastav G Hotel

Neubau außerhalb der Altstadt, modern-schlichte Zimmer zu guten Preisen. *22 Zi., Kragujevská 11, Tel. 041/734 24 48, Fax 734 24 45, www.doprza.sk/g_hotel,* €

Hotel Astoria

Nur 5 Min. vom Bahnhof entfernt, modern-sachliche Zimmer. Der Weg zur Altstadt ist auch nicht weit. *34 Zi., Národná 1, Tel. 041/562 47 11 (-14), Fax 562 31 73,* €€

Tourismus-Büro
Burianova medzierka 4 (im Reise-
büro Selinan), Tel. 041/562 14 78,
Fax 562 31 71, www.selinan.sk

ZIELE IN DER UMGEBUNG

Bojnice [120 B4]
★ Einfach märchenhaft dieses
Schloss: Erker, Balkone, Türme und
Türmchen mit wehenden Flaggen!
Verkleidete Prinzessinen führen Sie
durch die Räume. Höhepunkt der
in der Renaissance repräsentativ
umgebauten Burg ist der Goldene
Saal mit geschnitzter und vergolde-
ter Kassettendecke. Weitere Attraktionen sind der Türkische Saal sowie die Tropfsteinhöhle unter dem
Schlossgemäuer. Besonders beliebt
die Abendführungen im festlich er-
leuchteten Schloss *(nur Juli/Aug.*
Fr/Sa 21 und 21.30 Uhr, Eintritt 4
Euro). Vor dem Haupteingang ist

Bojnice: verspielte Burgenromantik

die mehr als 600-jährige Matej-Lin-
de zu bewundern. Das Schloss ist
von einem großzügigen Park umgeben. *Bojnicky zámok, Di–So 10–15,*
Mai–Sept. 9–17 Uhr

In dem 60 km von Žilina entfernten Kurort *Bojnice* (4000 Ew.)
ist man auf Touristen eingerichtet.
Am lang gezogenen Hauptplatz gibt
es Restaurants und Imbisslokale. Fa-
miliäre Quartiere im Zentrum bieten die *Penzión Alena (4 App., Cin-*
torínska 10, Tel. 046/541 65 53,
Fax 543 18 09, €) und das *Hotel Li-*
pa (20 Zi., Sládkovičova 20, Tel./
Fax 046/543 03 08, €).

Čičmany [120 B3]
In dem 38 km entfernten Dorf erinnern die traditionellen weißen
Hausverzierungen auf dunklem
Grund an Musterbücher für Kreuz-
stickereien. Zwei der schönsten
Häuser sind als Museum hergerich-
tet *(Juni–Aug. Di–So 8–18, sonst Di*
bis So 8–16 Uhr, Hlavná ul.), in den
übrigen geht das Leben noch seinen
gewohnten Gang. Čičmany eignet
sich hervorragend als Ausgangspunkt für kleine Wanderungen.

Rajecké Teplice [120 B2]
Ein weiteres Thermalbad, das in
neuem (z. T. leider kitschig-postmo-
dernem) Glanz erstrahlt. Erholsam
ist ein Besuch oder Kuraufenthalt
im Thermalbad *Aphrodite* allemal
(Kúpele Rajecké Teplice, Tel. 041/
549 42 56). Und das »slowakische
Bethlehem« im benachbarten *Rajec-*
ká Lesná lohnt auch einen Abstecher: eine raumgreifende Krippe, im
Stil slowakischer Dörfer aus Holz
geschnitzt und mit Modellen der
berühmtesten Sehenswürdigkeiten
des Landes bestückt *(Slovenský be-*
thlehem, tgl. 9–12 und 13–18 Uhr).

Auf den Spuren des Bergbaus

Jahrhundertelang erklang hier das »Glückauf!« der Bergleute. Heute sind malerische Bergbauorte mit reicher Tradition zu bestaunen

Auch das Herz der Slowakei, ihre geografische Landesmitte, wird von Gebirgszügen durchschnitten. Dazwischen eingebettet liegen die drei bedeutendsten slowakischen Bergbaustädte Banská Bystrica, Banská Štiavnica und Kreminca. Hier wurden früher bedeutende Vorkommen an Gold, Silber und Kupfer für den Export nach ganz Europa geschürft und verarbeitet. Von dem damit verbundenen einstigen Reichtum zeugen die gut erhaltenen Altstadtkerne dieser mittelslowakischen Städte, in die längst auch moderne Industrie Einzug gehalten hat.

Grasende Schafe im Erzgebirge

BANSKÁ BYSTRICA

 Karte in der hinteren Umschlagklappe

[120 C4] Ein wahres Herz der Slowakei ist Banská Bystrica (85 000 Ew.) Die Stadt liegt nicht nur im Zentrum, sie gehört auch zu den lebhaftesten im Land. Am prächtigen, von zahlreichen Renaissancehäusern umstandenen Hauptplatz

Aus dem 16. Jh. stammt das Neue Schloss von Banská Štiavnica

herrscht bis spät abends geschäftiges Treiben. Und ist das Wetter schlecht oder zu kalt, brummt der Betrieb in den zahlreichen Lokalen umso kräftiger. Bei schönem Wetter wird natürlich auf den Sommerterrassen bedient. Die junge Universitätsstadt (seit 1992) versucht, immer am Puls der Zeit zu sein und sich nichts entgehen zu lassen. Das Wirtschaftsleben prägen Banken- und Finanzwesen; die Pharmaindustrie ist stark vertreten, ebenso wie Textil- und Bauwirtschaft. Städtische Privilegien erhielt Banská Bystrica 1255 von König Bela IV. Die deutschen Bergleute, die sich hier ansiedelten, nannten die Stadt Neusohl. Das hier am häufigsten geförderte Erz war Kupfer.

Banská Bystricas Zentrum: der Platz des Slowakischen Nationalaufstands

SEHENSWERTES

Franz Xaver-Kirche (Kostol sv. Fr. Xaverského)

Die barocke Jesuitenkirche erhielt ihre markanten Türme in klassizistischer Manier 1844. Sie wurden zu einem Wahrzeichen der Stadt. Der Hauptaltar im Empire-Stil sowie einige Seitenkapellen und die Kanzel entstanden zu Beginn des 19. Jhs.

Platz des Slowakischen Nationalaufstands (Námestie SNP)

★ Einer der weitläufigsten Stadtplätze der Slowakei, mit geschlossener historischer Bebauung und einem Obelisken in der Mitte. Eine der schönsten und außergewöhnlichsten Fassaden hat das *Benický-Haus* *(Benického dom, Nr. 16)*. Über dem Renaissanceportal flankieren zwei Bergleute in Festtagstracht das Wappen des Hausherrn. An einem sanften Hang gelegen, wird der Platz am oberen Ende vom *Uhrenturm* (1552) bewacht.

Insider Tipp

Uhrenturm

⚜ Wer den 1552 erbauten »schiefen Turm von Bystrica« besteigt, überblickt von dort nicht nur den großartigen Stadtplatz in seiner ganzen Pracht, auch die harmonische Einbettung der Stadt in die umliegenden Berge wird deutlich. *15. Mai–15. Sept. tgl. 10–20 Uhr; Námestie SNP*

Stadtburg mit Marienkirche (Hradný areál/Kostol Panny Márie)

Von der Burg ragt als wehrhaftes Überbleibsel die mächtige *Barbakane* auf, ein doppeltes Festungstor mit Turm. Es steht in Nachbarschaft zum SNP-Platz. Dahinter erhebt sich die vorwiegend gotische *Marienkirche*, deren Ursprünge (1255) in der Romanik liegen. Einen Besuch wert ist der *Barbara-Altar* in der Nordkapelle, ein Werk des Meisters Paul aus Levoča (1509). In der Südkapelle ist Maria Magdalena dargestellt (Ende 15. Jh.), das Taufbecken stammt von 1475. *Námestie Baníckeho povstania*

Insider Tipp

Dominik Skutecký-Galerie (Galéria Dominika Skuteckého)

In den Ausläufern der historischen Altstadt steht das schmucke Wohnhaus des Malers Dominik Skutecky (1849–1921), eine Villa im Neorenaissancestil. Seit 1994 befindet sich hier eine repräsentative kleine Sammlung dieses bedeutenden slowakischen Realisten. *Di–So 10–16 Uhr, Horná ul. 55*

Literarisch-musikalisches-Museum (Literárno-hudobné múzeum)

Ein unscheinbares, aber einzigartiges Museum, dessen Musikabteilung einem auf anschauliche Weise die Traditionen der slowakischen Volksmusik näherbringt. Neben den typischen Instrumenten wie *fujara*, Dudelsack und Cimbal werden auch primitive Techniken des Musikmachens wie rhythmisches Steineklopfen an Hand von Videoaufzeichnungen und Tonbändern demonstriert. *Mo–Fr 9–16 Uhr, Lazovná ul. 9*

Mittelslowakisches Museum (Stredoslovenské múzeum)

Ein weiteres Schmuckstück auf dem SNP-Platz, das so genannte *Thurzo-Haus*, dient heute Museumszwecken. 1492–1540 residierte hier die Thurzo-Fuggersche Gesellschaft, ein erfolgreiches Bergbauunternehmen. Im Innern gibt es den schön restaurierten Grünen Saal mit Wandmalereien zu bewundern – und jede Menge Stadtgeschichte, die immer mit Bergbau zusammenhing. *15. Juni–15. Sept Mo–Fr und So 9–12 und 13–17, sonst Mo–Fr und So 8–12 und 13–16 Uhr*

Museum des Slowakischen Nationalaufstands (Múzeum SNP)

Unweit des historischen Zentrums steht wie eine weiße Terrine auf Stelzen das Museum, das den Partisanenkampf am Ende des Zweiten Weltkriegs dokumentiert. Der Architekt hatte bei seinem Konzept einen *širák* vor Augen, die traditionelle Kopfbedeckung der slowakischen Hirten, mit denen sich die Kämpfer identifizierten. Militaria, Karten, Fotos. Am Eingang brennt

---

MARCO POLO Highlights
»Erzgebirge«

 Platz des Slowakischen Nationalaufstands
Historischer Stadtplatz von Banská Bystrica mit Kneipen, Cafés, Bierkellern (Seite 70)

 Banská Štiavnica
Hübsche Altstadt und historische Anlagen des ältesten slowakischen Bergbaureviers (Seite 74)

 Münzmuseum
In Kremnica werden seit 1329 Münzen und Medaillen geprägt (Seite 77)

 Stadtburg
Die doppelte Befestigung schützte Kremnica vor den Osmanen (Seite 77)

ein ewiges Feuer für die Opfer. *Mai bis Sept. Di–So 9–18, Okt.–April Di bis So 9–16 Uhr, Kapitulská 23*

ESSEN & TRINKEN

Insider Tipp Kaviareň U nás doma
»Bei uns zu Hause« hat Wohnzimmeratmosphäre. Auf gobelinbezogenen Stühlen sitzen vor allem junge Kaffeetanten; guter Kuchen und Sandwiches. *Dolná 38, €*

Reštaurácia Bašta
Ein Turm der Stadtmauer am Museum SNP bietet auf drei Etagen Espressobar, Café und Restaurant. *Kapitulská 23, Tel. 048/412 62 81, €€*

Reštaurácia Hungária
Gepflegtes Restaurant mit französischem Ambiente, guter Küche. Im Kellergewölbe ein Café; Sommerterrasse, regelmäßig Livemusik. *Horná 25, Tel. 048/412 34 52, €€*

Slovenská reštaurácia
Nüchtern ausgestattetes Lokal im 1. Stock, das aber eine reiche Auswahl an slowakischen Spezialitäten bietet. Die Brimsen-Piroggen *(bryndzové pirohy)* sind besonders zu empfehlen, und wer von allen salzig abgeschmeckten Mehlspeisen probieren möchte, bestelle die *haluško-pirohová misa* (für nur 4 Personen). *Horná ul. 39, 048/415 50 36, €*

EINKAUFEN

Eine gute Weinauswahl bietet die kleine *Vinoteka (Nám SNP 14)* mit Verkostungstheke. Geschmackvolles und auch modern designtes Kunsthandwerk bieten vor allem diese beiden Läden: *Domček (Lazovná ul. 20)* und *Folk Art Shop (Nám. SNP 7)*,

etwas versteckt über einen Hausdurchgang vom Platz zu erreichen.

ÜBERNACHTEN

Hotel Arcade
Eine Passage am SNP-Platz führt zu diesem Stadthaus aus dem 16. Jh., das zu einem komfortablen Hotel umgebaut wurde. *15 Zi., Nám. SNP 5, Tel. 048/412 41 83, Fax 412 31 26, arcade@mail.viapvt.sk, €€*

Hotel Dixon
Annehmbares, kleines Hotel mit Tennis- und Squashplätzen. *18 Zi., Švermova ul. 32, Tel. 048/413 08 08, Fax 423 11 91, €*

Hotel Lux
Einen Katzensprung vom Zentrum entfernt, mit gutem Restaurant; bietet Zimmer in drei Kategorien (nicht renoviertes DZ: 25 Euro). *140 Zi., Nám Slobody 2, Tel. 048/414 41 41, Fax 414 43 24, € – €€*

Penzión Moyzes
Neue, modern-rustikale Etagenpension im Zentrum. *7 Zi., Nám. Š. Moyzesa 2, Tel./Fax 048/415 19 51, Mobiltel. 0903/74 71 14, p.moyzes@zoznam.sk, €*

Turistická ubytovňa Milvar
Einfache Unterkunft in Mehrbettzimmern, zentrumsnah. *Školská ul. 9, Tel. 048/413 87 73, €*

AM ABEND

Jazzovy klub U Smädného mnícha
🏃 Jazzkneipe, auch für ältere Semester. Jede Woche Liveauftritte. Gartenterrasse im Hinterhof. *Dolná 20, Mobiltel. 0905/42 13 17*

Kapitol-Pub
Neuer Stadttreff in modern eingerichteten Kellergewölben; man
kann hier auch essen (viele Pastage-
richte, *€€*). *Kapitulská ul. 10, Tel.
048/415 26 71*

FREIZEIT & SPORT

In der Nähe von Banská Bystrica
liegen die Orte *Králiky* und *Tajov* in
den Hügeln der Großen Fatra. Hier
sind Wanderrouten, Skilifte und
Gasthäuser sowie Trassen für Radler und Mountainbiker vorhanden.

AUSKUNFT

**Kultúrne a informačné
stredisko (KIS)**
*Nám. Š. Moyzesa 26, 97574 Banská
Bystrica, Tel. 048/415 50 85, Fax
415 22 72, kis@pkobb.sk, Mitte
Mai–Mitte Sept. Mo–Fr 8–19, Sa
9–13, sonst Mo–Fr 9–17 Uhr*

ZIELE IN DER UMGEBUNG

Donovaly   [120 C3]
22 km entfernte Passgemeinde
(915–1402 m) zwischen der Großen Fatra und der Niederen Tatra.
Beliebtes Wander- und Skigebiet
(14 Skilifte). Schöne Touren sind im
Tal *Gaderská dolina* möglich. Eine
beliebte kleine Wandertour bietet
sich über den erneuerten Waldlehr-
pfad von Donovaly nach *Šachtička*
(etwa 3 Std.). Anspruchsvollere
Wanderer nutzen von der Bergsta-
tion des Sessellifts *Nová Hoľa* den
rot markierten »Weg der Helden
des Nationalaufstands« *(Cesta hrdi-
nov SNP)*, über den man zu stun-
denlangen Wanderungen entlang
des Kamms zur Niederen Tatra aufbrechen kann.

Ein annehmbares Standardhotel
etwas abseits des Gemeindezen-
trums in ruhiger Lage und mit herrlichem Ausblick: *Hotel Donovaly
(40 Zi., Pod Magurou 777, Tel.
048/419 98 25, Fax 429 90 36,
€€)*. Gleich am Hauptparkplatz
liegt die *Penzión Donly* mit Laden
und Self-Service-Restaurant *(15 Zi.,
Tel. 048/429 90 11, Fax 429 90 12,
€)*. Weitere Infos zu Unterkünften
und Sportaktivitäten: *Park snow –
lyžiarske centrum, Pod Magurou
801, 97631 Donovaly, Tel. 048/
419 98 81, Fax 419 98 82, www.
parksnow.sk/donovaly*

Hronsek   [120 C4]
In dem unscheinbaren Dorf (13 km
entfernt) steht eine der seltenen
noch erhaltenen Artikularkirchen.
Der 1725/26 errichtete Holzbau
weist skandinavische Einflüsse auf.
Sechs Altarbilder und die Orgel
stammen noch aus dem 18. Jh. *Besichtigung im ev. Pfarramt unter Tel.
048/418 81 65 vereinbaren*

Špania Dolina   [120 C4]
Altes Bergmannsdorf (10 km entfernt), das heute vielen als Wochen-
enddomizil dient. Eine kurvige Straße führt in diese sehenswerte Siedlung mit bis zu 500 Jahre alten
Bergmannshäusern, die fast alle einen der hohen Lüftungsschächte
besitzen. Auf dem Weg dorthin bietet sich rechts an der Straße nach
Staré Hory die *Koliba u sv. Krištofa*
zur Einkehr an *(Ulánska cesta, Tel.
048/419 81 51, €€)*.

Zvolen   [120 C4]
Das historische Zvolen (deutsch:
Altsohl, 24 km entfernt) war lange
bedeutender als der »Newcomer«
Banská Bystrica (Neusohl). Davon

Prachtvolle Kassettendecke im Großen Saal der Burg von Zvolen

zeugt auch die vor der Stadt gelagerte, gut erhaltene Burg, deren Grundmauern auf das 14. Jh. zurückgehen. Die Nationalgalerie hat heute hier ihre Exponate zur alten Kunst untergebracht; schöne Kassettendecke im großen Saal! *Zvolenský zámok, Mai–Sept. Di–So 10 bis 17.30, Okt.–April auch Di geschl.*

BANSKÁ ŠTIAVNICA

[120 B–C5] ★ Sie heißt auch die Silberne und ist ein Kleinod inmitten sanfter Hügel. Mit dem Sitz des königlichen Bergamtes, des Kammerhofs und der von Maria Theresia gegründeten, ersten Bergbauakademie Europas nimmt sie den ersten Rang unter den slowakischen Bergstädten ein. In ehemals vulkanischem Gebiet gelegen, hat Ban-

ská Štiavnica (11 000 Ew.) reiche Vorkommen verschiedener Mineralien und daher den Beinamen »Mineralien-Mekka«. Die historische Altstadt und die Bergbauanlagen wurden zum Unesco-Welterbe erklärt.

SEHENSWERTES

Dreifaltigkeitsplatz (Nám. Sv. Trojice)
Schöne Stadthäuser, z. T. mit Sgraffito-Verzierungen, barocke Pestsäule zu Ehren der Hl. Dreifaltigkeit (1759–67); am südlichen Ende das Rathaus mit Uhrenturm und die Katharinenkirche (1488–91).

Glanzenberg-Stollen (Štôlňa Glanzenberg)
Einer der ältesten Stollen (14. Jh.), der zudem unter der historischen Altstadt verläuft. Nachdem er in

früheren Zeiten schon von Herrschern und anderen VIPs besucht wurde, darf nun jeder hinein. *Anmeldung im Infozentrum Geopark, Eintritt 3 Euro, Tel. 045/692 05 35, Nám. sv. Trojice 6*

Kalvarienberg (Kalvária)

Er wird als der schönste und bedeutendste der Slowakei bezeichnet. Ein schöner Aufstieg auch für nichtreligiöse Wanderer, vor allem wegen der Aussicht am Endpunkt!

Klopfturm (Klopačka)

Von hier aus wurden die Bergleute durch »Klopfen« zur Arbeit gerufen, indem ein schwerer Eichenhammer auf ein Holzbrett geschlagen wurde. Der Turm entstand 1681. Weil sich die Nutzung als Museum nicht mehr rentierte, zog eine kleine Teestube ein, die auf bequemen Diwans türkischen Kaffee und 124 Teesorten bietet. Passend zu diesen Extravaganzen die Öffnungszeiten: *tgl. 11.11–23.23 Uhr. Čajovňa Klopačka, Ul. A. Sládkoviča 7, Tel. 045/692 06 92*

Insider PP

Altes Schloss (Starý zámok)

Grundlage des Komplexes ist eine romanische Basilika (13. Jh.), die noch zu besichtigen ist. Ansonsten sind im Burgareal das Lapidarium sowie Ausstellungen zu einzelnen Handwerken untergebracht. Zwei Räume sind den bekannten Štiavnicer Tabakspfeifen mit dem charakteristischen tönernen Kopf gewidmet. Repliken gibt's im Museumsladen zu kaufen. Besichtigung nur mit Führung (zu jeder vollen Stunde). *Mai–Okt. tgl. 9–17, Nov.–April Mo bis Fr 8–16 Uhr, Starozámocká ul.*

Bergbaumuseum im Kammerhof (Baňícke múzeum Komorský dvor)

In Štiavnica ist der Bergbau das wichtigste Thema. Zentrale der verschiedenen Zweigstellen des Bergbaumuseums ist der Kammerhof, ein schönes Gebäude aus dem 16. Jh., in dem auch die Bergbauakademie angesiedelt war. Exponate zur Theorie und Praxis des Bergbaus. *Mai–Sept. tgl. 8–17, Okt.–April Mo bis Fr 8–15 Uhr, Kammerhofska ul. 2*

Art Café

Alternatives Studentencafé mit liebevoll zusammengesuchten Möbeln, ein Nichtraucherraum. *Akademická 2, Mobiltel. 0905/74 53 88,* €

Reštaurácia u Böhma

Kleines, gemütliches Restaurant, dessen Wohnzimmeratmosphäre durch den offenen Kamin noch verstärkt wird. *Strieborná 7, Mobiltel. 0903/52 50 22,* €

Reštaurácia Matej

Zünftiges kleines Gasthaus mit durchgängig warmer Küche, Sommerterrasse. *Akademická 4, Tel. 045/691 20 51,* €

Hotel Grand Matej

Geräumiges Stadthaus mit neu eingerichteten Zimmern. Restaurant im Retrostil, schöne Sommerterrasse. *40 Zi., Kammerhofská 5, Tel. 045/692 12 13, Fax 692 12 94,* €

Hotel Salamander

Nette Zimmer in historischem Haus, nur wenige Gehminuten vom Zentrum, Restaurant und Ca-

Banská Štiavnica

Kalvarienberg von Banská Štiavnica

fé. *20 Zi., Ul. J. Palárika 1, Tel. 045/ 691 39 92, Fax 692 12 62, www. hotelsalamander.sk, €*

Tvorivé zariadenie FVÚ
Das Hochschulinstitut bietet einfache, aber saubere und preiswerte Unterkunft (ca. 12 Euro im DZ). *Novozámocká 6, Tel. 045/691 19 45*

EINKAUFEN

Diela a Dielka
In zwei Verkaufsstellen werden »Werke und Werkchen« slowakischer Kunsthandwerker und Künstler angeboten, in jedem Fall kann man mit originellen Souvenirs fündig werden. *Nám. sv. Trojice 7 und Radnicné nám. 3*

AUSKUNFT

Mestská turistická informačná kancelária (MsTIK)
Nám. Sv. Trojice, 96901 Banská Štiavnica, Tel./Fax 045/694 96 53, www.banskastiavnica.sk, Mai–Sept. Mo–So 9–18, Okt.–April Mo–Fr 9 bis 16, Sa 9–14 Uhr

ZIELE IN DER UMGEBUNG

St. Anton (Sväty Anton) [120 C5]
Die stattliche vierflügelige Anlage die 1744–50 auf Grundfesten einer Burg aus dem 15. Jh. entstand, diente dem bulgarischen Zaren aus dem deutschen Adelsgeschlecht Sachsen Coburg-Gota als Sommerresidenz. Obwohl renovierungsbedürftig, sind die Salons üppig bestückt und geben einen Eindruck vom adeligen Leben in diesem vergessenen Landstrich. Die Jagdleidenschaft der Hausherren dokumentieren Tausende von Geweihen und Trophäen. Besondere Aufmerksamkeit verdient das vom Zaren Ferdinand eigenhändig mit Pflanzen bemalte Tischchen. *Múzeum vo sv. Antone, nur mit Führung, Mai–Sept. Di–So 8.30–16, Okt. 8 bis 15, Nov.–April Di–Sa 8–15 Uhr, Tel. 045/692 19 54; ca. 5 km südöstlich von Banská Štiavnica Richtung Dudince*

Štiavnicer Höhen (Štiavnické vrchy) [120 B–C5]
Der Hausberg der Gegend ist der *Sitno* (1009 m) im Naturschutzgebiet der Štiavnicer Höhen. Ein Charakteristikum zwischen den Hügeln: etwa 30 kleine Teiche, die der Entwässerung der Bergschächte dienten. Der See *Počúvadlo* (ca. 7 km südwestlich von Banská Štiavnica) in Štiavnické Bane ist der beliebteste, hierher kommt man zum Baden, Fischen und Bootfahren. Gute Unterkunft mit Restaurant: *Hotel Topky, 25 Zi., Tel. 045/699 41 15, Fax 699 41 07, €*

KREMNICA

[120 C4] Kremnica (6500 Ew.) lockt mit einem geschlossenen mittelalterlichen Zentrum. Die autofreie Altstadt betritt man durch ein gut erhaltenes doppeltes Stadttor *(Barbakane)*. Der Hauptplatz *(Štefánikovo nám.)* bildet ein harmonisches Geviert mit alten Fassaden, dem leider auf Grund der Hanglage die zentrale Kirche abhanden kam – sie musste aus statischen Gründen abgetragen werden. Lediglich eine üppige barocke *Pestsäule* überdauerte. Weiter den Hügel hinan erreichen Sie die *Stadtburg*, die über eine überdachte Holztreppe betreten wird. Berühmt ist Kremnica wegen seiner jahrhundertealten Münzanstalt – 1328 gegründet und ununterbrochen in Betrieb.

SEHENSWERTES

Stadtburg (Mestský hrad)
★ Das seltene Beispiel einer noch intakten Stadtburg mit z. T. doppelten Befestigungsmauern. Im Innern die Katharinenkirche (14. Jh.), der frei stehende kleine Glockenturm und ein Beinhaus, das älteste erhaltene Gebäude aus dem 13. Jh. mit romanischem Gewölbe. ☙ Der Turm eröffnet eine herrliche Sicht auf die Stadt und die umliegende Hügel. *Di–So 8.30–12 und 13 bis 17.30 Uhr, Zámocké nám. 568*

MUSEUM

**Münzmuseum
(Múzeum mincí a medailí)**
★ In Kremnica dreht sich alles um Münzen, somit ist ein Besuch des Münzmuseums Pflicht. In dem Gebäude mit spätgotischem Portal finden Sie Wissenswertes zur Stadtgeschichte und jede Menge alter Münzen. *Mai–Sept. Di–So 9–13, 14–17, Okt.–April Di–Sa 8.30–13, 14–16.30 Uhr, Štefánikovo nám. 11/21*

ESSEN & TRINKEN

Reštaurácia Silvanus
Sachlich-zurückhaltend ausgestattes Jagdrestaurant mit guter Küche und großzügiger Sommerterrasse im stillen Innenhof. *Štefánikovo nám. 33/44, Tel. 045/674 48 81,* €

ÜBERNACHTEN

Hotel Centrál
Kleines Hotel in der Nähe des Unteren Stadttors. *Dolná 40, Tel. 045/ 674 42 10, Fax 674 42 14,* €

AUSKUNFT

Informačné centrum
Štefánikovo nám. 35/44, 96701 Kremnica, Tel./Fax 045/674 28 56, www.kremnica.sk

ZIELE IN DER UMGEBUNG

**Kremnicer Höhen
(Kremnické vrchy)** **[120 B–C4]**
Die niedrigen Kuppen (1000 bis 1400 m) der 5 km entfernten Kremnicer Höhen können auch ungeübte Wanderer mühelos erklimmen. Eine davon ist für Besucher besonders attraktiv: auf dem *Jánsky vrch*, zwischen den Gemeinden Kremnické Bane und Krahule an der Johannes-Kirche, befinden Sie sich in der aus slowakischer Sicht ==geografischen Mitte Europas==, auch wenn Sie eher das Gefühl beschleicht, nie weiter von ihr weg gewesen zu sein.

Insider Tipp

Madonnen und Karstschluchten

Der Landstrich der Zips ist eine wahre Schatzkammer gotischer Kunst. Die Natur der Ostslowakei ist an romantischer Ursprünglichkeit nicht zu überbieten

In der östlich gelegenen Zips *(Spiš)* ließen sich im Mittelalter besonders viele deutsche Kolonisten nieder. Handwerk und Handel brachten einer Reihe von Zipser Städten wirtschaftlichen Reichtum, der sich in Architektur und Kunst niederschlug und heute noch zu bestaunen ist. Kežmarok im Norden und Levoča im Süden wetteiferten einst um den ersten Rang. An Levoča schließt sich vor den Toren des heutigen regionalen Knotenpunkts Spišská Nová Ves ein himmlisches Gefilde für Natur- und Wanderfreunde an. Das Slowakische Paradies *(Slovenský raj)* erhielt seinen Namen nicht von ungefähr. Im wahrsten Sinn des Wortes atemberaubende Schluchten müssen mit Hilfe von Klettersteigen und Holzleitern überwunden werden. Malerische Wasserfälle komplettieren das wild-romantische Naturbild, das die Wanderer für ihre Mühen reich belohnt.

Noch weiter östlich steht in Košice mit St. Elisabeth nicht nur das größte und beeindruckendste Gotteshaus der Region. Auch die Stadtplätze von Prešov und Bardejov haben sich eine historische Bebauung erhalten, wie man sie sich als Besucher nicht schöner erträumen kann. Und mit noch einem typischen Markenzeichen lockt der Osten: Holzkirchen aus früheren Jahrhunderten mit verspielt-verschachtelten Zwiebeltürmchen und prunkvollen Ikonenwänden im Innern. Dazu gibt es auch hier viel Natur und das für diesen Landstrich berühmteste Thermalbad, Bardejovské Kúpele, zu erleben.

KEŽMAROK

[122 A2] Das einst auf Deutsch Käsmark genannte Städtchen (17 000 Ew.) hat bei klarem Wetter ein grandioses Stadtpanorama zu bieten. Vor der Kulisse der schneebezuckerten Zweitausender der Hohen und der Weißen Tatra ragen die typischen Zipser Renaissance-Türme und die Silhouette des südländisch wirkenden Rathauses auf. Kein Wunder, dass von hier die ersten Tatra-Touristen aufgebrochen sein sollen.

Ideal für Wanderer: das Slowakische Paradies im Herbst

»Singender Brunnen« vor dem Theater von Košice

Artikularkirche
(Drevený artikulárny kostol)

★ Die Zips war überwiegend protestantisch, Kežmarok recht wohlhabend und so entstand eine überaus reich geschmückte Artikularkirche, die in ihrer aufwändigen Ausstattung die am besten erhaltene in der Slowakei ist. Nach der Fertigstellung 1717 schuf Johannes Lerch den kunstvoll gedrechselten Altar und die barock überbordende Kanzel. Besonderes Augenmerk verdienen die anschaulich gestalteten Darstellungen aus dem Alten Testament an den hölzernen Emporen. Über all das spannt sich ein märchenhaft blauer Himmel mit verträumten Schäfchenwolken. *Mai bis Okt tgl. 9–12 und 14–17, Nov. bis April Di und Fr 10–12 und 14 bis 16 Uhr, Hviezdoslavova ul.*

Heilig-Kreuz-Basilika
(Bazilika sv. Kríža)

Der von fern sichtbare Kirchturm erinnert eher an einen frühindustriellen Fabrikschlot, dafür ist der niedrigere Glockenturm (1586–91) neben dem Hauptportal umso schmucker. Er erfreut das Auge mit seinen reichen Sgraffito-Verzierungen. Die Basilika selbst ist ein spätgotischer Hallendom. Das Herzstück der Innenausstattung bildet der üppig mit Figuren bestückte gotische Hauptaltar (um 1500), der dem Umkreis des Meisters Paul aus Levoča zugeschieben wird. *Juni bis Sept. Mo–Fr 9–17 Uhr, sonst nur nach Vereinbarung, Tel. 052/ 452 22 20, Kostolné nám.*

Insid Tipp

Stadtburg (Mestský hrad)

Wehrhaft glatte Mauern mit typischen Zinnen der Region beherbergen heute das *Stadtmuseum*, dessen Exponate in den verschiedenen Teilen der Burg zu sehen sind, so dass man die ganze Anlage kennen lernen kann. *Mai–Sept. Di–So 9–12 und 13–17 Uhr, Einlass halbstündlich, Okt.–April Mo–Fr 9–15 Uhr, Einlass stündlich, Hradné nám. 42*

U troch apoštolov

Bei den drei Aposteln sitzt und isst man gut. *Hlavné nám. 9, Tel. 052/ 452 57 25, €€*

Hotel Club

Das beste Hotel in der Stadt bietet zudem im hauseigenen Restaurant eine sehr gute Küche. *MUDr. Alexandra 24, Tel. 052/452 40 51, Fax 452 40 53, €*

AUSKUNFT

Kežmarská informačná agentúra

Hlavné nám. 46, 060 01 Kezmarok, Tel./Fax 052/452 40 47, www.kez marok.net, Mo–Fr 8.30–17, Sa/So 9–14 Uhr, Okt.–April So geschl.

KOŠICE

 Karte in der hinteren Umschlagklappe

[122 C4] Auf Deutsch ehemals Kaschau genannt, war Košice eine bedeutende Stadt im ungarischen Reich. Heute bildet Košice im Osten der Slowakei als zweitgrößte Stadt des Landes (240 000 Ew.) einen beachtenswerten Gegenpol zur Hauptstadt Bratislava. Nationale wie internationale Institutionen und Firmen, Universitäten, kleine und große Theater und eine eigene Philharmonie sorgen für eine geschäftige und kulturell ambitionierte Atmosphäre. Der größte Industriebetrieb der Slowakei liegt vor den Toren der Stadt. Die Ostslowakischen Stahlwerke wurden vom dem amerikanischen Unternehmen US-Steel übernommen, man hofft auf den ersehnten Aufschwung.

SEHENSWERTES

Hauptstraße (Hlavná ulica)

Der Name sagt es, sie ist das Kernstück der Stadt, doch architektonisch keineswegs so lapidar, wie es ihre Bezeichnung vermuten lässt. In der Mitte spaltet sie sich für den Dom und das Theater zu einem linsenförmigen Platz. Auf über 1 km Länge reihen sich historische Fassaden dicht an dicht. Die meisten Häuser und Kirchen sind gotischen Ursprungs, veränderten aber im Lauf der Jahrhunderte ihr Erscheinungsbild und zeigen heute meist barocke bis klassizistische Fassaden. Eine besondere Attraktion und der 🏃 Treffpunkt der Jugend auf dem Platz vor dem Theater ist der »singende Brunnen«. Die Lautsprechermusik bestimmt mit der jeweiligen Phonstärke, wie hoch die Wasserstrahlen im Rhythmus der Musik in die Höhe schießen.

Insider Tipp

MARCO POLO Highlights »Zips/Ostslowakei«

⭐ **St.-Elisabeth-Dom**
Imposante Hochgotik in Kosiče (Seite 82)

⭐ **Apostel-Altar**
Vollendetes Schnitzwerk in Levoča (Seite 87)

⭐ **Zipser Burg**
Eine der größten Burganlagen Europas (Seite 89)

⭐ **Artikularkirche**
Kežmaroks Kleinod: reiche Drechselarbeiten (Seite 80)

⭐ **Dobšina-Eishöhle**
Mit Eis gefüllter Hohlraum im Karstgestein (Seite 89)

⭐ **Rathausplatz Bardejov**
Prächtige »gute Stube« des stolzen Städtchens (Seite 84)

Hochgotik in Košice: der St.-Elisabeth-Dom

Jakab-Palais (Jakabov palác)

Ein Repräsentationsgebäude mit verspielt-verziertem Turm über dem Eingangsportal: So stellte man sich Ende des 19. Jhs. das Mittelalter vor. *Am Ende der Mlynská ul.*

St.-Elisabeth-Dom (Dóm sv. Alžbety)

★ Das wahre Kernstück der Stadt, ein Mittelpunkt, um den sich alles zu drehen scheint und der dies gelassen hinnimmt. Der St. Elisabeth-Dom ist das östlichste Bauwerk der europäischen Hochgotik. 1378 bis 1508 entstand das fünfschiffige Gotteshaus in den für diese Region beeindruckenden Ausmaßen. Von den zwei Türmen wurde nur der nördliche später in barockem Stil zu Ende gebracht. Die barmherzigen Taten der Hl. Elisabeth, einer Tochter des Ungarnkönigs Andreas II., werden im Giebel über dem Eingangstor anschaulich gemacht. Im Innern als Höhepunkt der Hauptaltar: 48 gotische Tafelbilder umgeben die überlebensgroßen Statuen Marias und zweier Elisabeths. Zum Ensemble des Doms gehört die *St.-Michaels-Kappelle* aus dem 14. Jh. an der Südseite und der ◆ *Urban-Turm* mit seinen umlaufenden Arkaden, die als Lapidarium genutzt werden. Von oben herrlicher Ausblick.

MUSEEN

Mikluš-Gefängnis (Miklušova väznica)

Im ehemaligen Haus des Henkers ist Stadtgeschichtliches und eine Ausstellung zur mittelalterlichen Feudaljustiz zu sehen. *Di–Sa 9–17, So 9 bis 13 Uhr; Pri Miklušovej väznici 10*

Ostslowakisches Museum (Východoslovenské múzeum)

Ein umfangreiches Museum zur Historie von Stadt und Umland. Besonderer Stolz ist der Goldschatz von Košice: 2920 Goldmünzen des 15. bis 17. Jhs. aus 81 Münzstätten Europas. *Di–Sa 9–17, So 9–13 Uhr, Nám. Maratónu mieru*

Slowakisches Technisches Museum (Slovenské technické múzeum)

Der Stammsitz des nationalen Technikmuseums dokumentiert hinter der barocken Fassade des so genannten Kapitäns-Palais den Bergbau in der Slowakei. An kleinen Modellen können Besucher vieles ausprobieren. *Di–Fr 8–17, Sa 9–14, So 12–17 Uhr, Hlavná ul. 88*

ESSEN & TRINKEN

An der Hlavná gibt es jede Menge Cafés, Snackbars, Schnellimbisse: auf Sommerterrassen, in Kellergewölben und in Hinterhöfen.

Carpano

Im Erdgeschoss viel frequentiertes Café, im Tiefparterre das Restaurant mit gutbürgerlicher Küche und italienischen Spezialitäten. *Hlavná 42, Tel. 055/623 00 03, €€*

Lampáreň

Geräumiges Kellerlokal mit guter Hausmannskost. *Hlavná 115, Tel. 055/622 49 95, €€*

Reštaurácia 12 apoštolov

Im Stil mittelalterlich ist das Lokal nach den 12 Aposteln benannt und wurde 2003 zum besten der Stadt gekürt. *Kováčska 51, Tel. 055/729 51 04, €€*

EINKAUFEN

Handwerkergasse

Das Parallel-Gässchen zur Hauptstraße soll eine mittelalterliche Handwerkergasse darstellen. Manches stammt zwar aus industrieller Massenproduktion, doch das meiste ist von Hand gefertigt. Bei näherem Hinsehen können Sie durchaus fündig werden. *Hrnčiarska ul.*

ÜBERNACHTEN

Zwei moderne, sympathische Pensionen in historischen Altstadthäusern sind die *Penzión Krmanová (10 Zi., Krmanová 14, Tel. 055/623 05 65, Fax 622 64 83, €€)* und die *Penzión Platz (15 Zi., Dominikánske nám. 23, Tel. 055/622 34 50, Fax 625 15 27, www.platz.sk, €)*.

Hotel Centrum

Versprüht noch sozialistische Atmosphäre, doch das Hotel ist zentrumsnah, und die Zimmer sind re-

---

Die MARCO POLO Bitte

Marco Polo war der erste Weltreisende. Er reiste in friedlicher Absicht, verband Ost und West. Er wollte die Welt entdecken, fremde Kulturen kennen lernen, nicht zerstören. Könnte er heute für uns Reisende nicht Vorbild sein? Aufgeschlossen und friedlich sollte unsere Haltung auf Reisen sein. Dazu gehören auch Respekt vor Mensch und Tier und die Bewahrung der Umwelt.

WWF

noviert. *Južná trieda 2, Tel. 055/ 76 31 01, Fax 76 43 80,* €

Hotel Slovan

Postmodernes Vorzeigehotel am unteren Ende der Hauptstraße, von den oberen Zimmern des Hochhauses guter Blick auf die städtische Flaniermeile. *Hlavná 1, Tel. 055/ 622 73 78, Fax 622 84 13,* €€€

AM ABEND

Absolut Mystic Bar

🏃 Beliebte Kellerbar mit viel Spiegel und Chrom, tagsüber auch schöne Gartenterrasse *(bis 22 Uhr). Do–Sa Disko (bis 2 Uhr). Hlavná 92, Tel. 055/6252174*

Insider Tipp Jazz Club

🏃 Renommierter Jazzkeller, der sich inzwischen (zumindest tageweise) auch auf die Disko- und Partygeneration eingestellt hat. *Tgl. 16 bis 2 Uhr, Di, Do, Sa Diskomusik vom Band, Mi live, Fr Jazzkonzerte; Kovačska 39, Tel. 055/622 42 37*

AUSKUNFT

Informačné centrum mesta Košice

Hlavná ul. 59, 04001 Košice, Tel. 055/625 88 88, Fax 625 45 02, www.kosice.sk

ZIELE IN DER UMGEBUNG

Bardejov [122 C2]

Bartfeld hieß das kleine Städtchen (70 km nördlich von Košice) am Fuß der Beskiden einst. Deutsche Handwerker verhalfen ihm im Mittelalter zu urbaner Blüte. Bürgerstolz verrät der ★ *Rathausplatz* mit dem *Alten Rathaus*. Es stellt in seiner renaissancezeitlichen Ausgestaltung ein wahres Kleinod dar. Heute ist hier ein Teil des *Šariš-Museums* untergebracht. Es zeigt die von deutschem Geist geprägte Stadtgeschichte *(Šarišské múzeum v Starej radnici, Mai–Sept. Di–So 8.30–12, 12.30–16.30, sonst bis 16 Uhr, Radničné nám. 1)*. Bardejov wurde nach der Reformation eine Bastion

Wie mit dem Lineal gezogen wirkt der Rathausplatz von Bardejov

des Protestantismus. In der gotischen *Ägidien-Kirche* (15. Jh.) kam es aber nicht zur Vernichtung der vielen Flügelaltäre. Sie können heute noch bewundert werden *(Farský kostol sv. Egídia, Mo–Fr 10–16, Sa 10–14.30 Uhr)*. Liebhaber christlich-orthodoxer Kunst kommen in der Zweigstelle des *Städtischen Museums* am oberen Ende des Platzes auf ihre Kosten: <mark>jede Menge Ikonen</mark> und Ikonenwände des 16.–19. Jhs. *(Expozícia ikón Šarišského múzea, Mai–Sept. Di–So 8.30–12, 12.30 bis 16.30, sonst bis 16 Uhr, Rhódyho ul. 1)*. Die gut erhaltene Stadtbefestigung mit ihren Bastionen war nicht zuletzt der Grund, dass Bardejov von der Unesco als Weltkulturerbe anerkannt wurde.

Insider Tipp

Für Verpflegung ist auf dem Rathausplatz in vielen Lokalen gesorgt, bürgerliches Ambiente bietet *U zlatej koruny (Radničné nám. 41, Tel. 054/472 53 10, €€)*. Übernachtungsmöglichkeiten in der Stadt sind rar, hier wurde ein »Kasten« aus Zeiten des alten Regimes gekonnt aufgepeppt: *Hotel Šariš, 18 Zi., Nám SNP 12, Tel. 054/472 43 73, Fax, 488 33 81, €*. Einfacher, dafür zentrumsnah: *Penzión Semafór (Kellerova 13, Tel. 0905/83 09 84, €)*.

Auskunft: Turisticko informačné centrum, Radničné nám. 21, 08501 Bardejov, Tel./Fax 054/472 62 73, www.bardejov.sk

Bardejovské Kúpele [122 C2]

Nur 5 km von Bardejov entfernt liegt das Kurbad Bardejovské Kúpele. Die heilsamen Quellen sind seit dem frühen Mittelalter bekannt. Im 19. Jh. war es ein frequentierter Badeort für den ungarischen und ausländischen Adel. Das Kurareal ist weitläufig, mit viel Grün und alten Bäumen, parallel dazu zieht sich ein Park, in dem das *Šarišer-Freilichtmuseum* aufgebaut wurde. Hier gibt's auch eine der typischen Holzkirchen des slowakischen Ostens zu sehen. In der Hochsaison führen Handwerker ihre Künste vor, die Ergebnisse sind käuflich zu erwerben *(Múzeum ľudovej architektúry, im Kurareal, Mai–Sept. tgl. 9–18, Okt.–April 9–16 Uhr)*. Es gibt Hallen- und Freibad, und die Umgebung bietet viele Hügel zum geruhsamen Wandern und Spazierengehen.

Kurverwaltung: Slovenské liečebné kúpele, 08631 Bardejovské Kúpele, Tel. 054/477 42 45, Fax 472 35 49, www.kupele-bj.sk

Medzilaborce [123 E2]

Dieser Ort liegt nun wirklich im hintersten Winkel der Slowakei: ca. 110 km nordöstlich von Košice. Seinen Bekanntheitsgrad verdankt er der Tatsache, dass Andy Warhols Bruder Paul hier – in die Nähe des Geburtsorts der Eltern (Miková) – das <mark>*Warhol-Familienmuseum*</mark> eröffnete. Auch die Arbeiten des Neffen John Warhol sind hier zu sehen. Der Weg durch eine sanfthügelige und stille Landschaft mit verstreuten Dörfern lohnt nicht unbedingt wegen der Hand voll Serigrafien des New Yorker Pop-art-Künstlers (1928–87), sondern eher, um sich dessen Herkunft als Andrej Warhola aus dem ruthenischen Bauernmilieu zu vergegenwärtigen. *Múzeum moderného umenia rodiny Warholovcov, Di–So 10–17 Uhr, ul. Andyho Warhola 749*

Insider Tipp

Prešov [122 C3]

Sie ist mit 92 000 Ew. die drittgrößte Stadt der Slowakei (25 km nördlich von Košice) und bietet

Eine der typischen Holzkirchen unweit von Svídnik: Nízný Komárnik

ebenfalls einen beachtenswerten Hauptplatz *(Hlavné nám.)*. Auf der »Insel« in der Mitte steht die auf die Gotik zurückgehende *St. Nikolaus-Kirche* (1330–1505), Glanzstück ist der barocke Hauptaltar (1696). Von den reizvollen Fassaden am Platz sind fast alle eingehender Betrachtung wert, auffällig ist das *Rákóczi-Palais* mit seinem verspielten Renaissancegiebel, der zudem mit Sgraffiti verziert ist – heute Sitz des *Heimatmuseums (Krajské múzeum, Di 9–18, Mi–Fr 9–17, So 13–18 Uhr, Hlavná ul. 86)*. Schön und **Insider Tipp** außergewöhnlich ist die Judaika-Ausstellung in der ehemaligen *Synagoge,* die an die einst große jüdische Gemeinde Prešovs erinnert *(Expozícia judaík Ing. E. Bárkányho, Di/Mi 11–16, Do/Fr 10–13, So 13 bis 17 Uhr, Okružná 32)*.

Auskunft: *Mestské informačné centrum, Hlavná 67 (in einem Zeitungsladen), Tel. 051/773 11 13, Fax 7593281, www.presov.sk*

Svídnik [123 D2]

Das Städtchen (80 km nördlich von Košice) ist das nördlichste Zentrum der Ruthenen, einer sich von den Ukrainern absetzenden Volksgruppe der nordöstlichen Slowakei. Von hier können Sie in kurzer Zeit bei einer kleinen Rundfahrt (im Umkreis von ca. 20 km) bis zu elf der griechisch-katholischen Holzkirchen **Insider Tipp** aufsuchen – der Messner wohnt meist nebenan und schließt gern auf. Bei diesen Gläubigen zelebriert ein katholischer Priester den Gottesdienst nach orthodoxem Ritus. Eine Route zu den schönsten Kirchen führt nördlich von Svídnik über Ladomírová (1742) nach Krajné Čierno (1658), dann wieder zurück auf die Landstraße nach Hunkovce (1779). An der nächsten Abzweigung geht es nach Bodružal, einer der ältesten (1658), gefolgt von Nížny Komárnik kurz vor dem Dukla-Pass, der »modernsten« dieser Kirchen von 1938.

LEVOČA

[122 B3] Sie wird die Königin der Zips genannt (deutsch: Leutschau, 14 000 Ew.), nicht zuletzt weil sie das hochkarätigste Zipser Kunstwerk beherbergt: den Apostel-Altar von Meister Paul, der zugleich der höchste seiner Art auf der ganzen Welt ist. Auch in Levoča findet sich mal wieder alles Wesentliche an einem zentralen Platz, der harmonisch schön von historischen Gebäuden eingerahmt wird, versammelt.

SEHENSWERTES

Rathaus (Radnica)
Eines der meistfotografierten Rathäuser des Landes – und das hat seinen Grund: Renaissance-Arkaden zieren das Erdgeschoss und Teile des ersten Stockwerks. Das Gebäude steht frei am Platz, Fassadenfronten mit spitz zulaufenden, bewimpelten Giebeln gibt es auf allen Seiten. Das Museum im ersten Stock zeigt Stadtgeschichtliches. *Radnica múzeum, Di–So 9–17 Uhr; Nám. Majstra Pavla 2*

St.-Jakob-Kirche (Kostol sv. Jakuba)
Von außen ist sie nicht spektakulär, innen überbieten sich die kostbaren Ausstattungsgegenstände gegenseitig: 15 z. T. gotische Altäre – allen voran der von Meister Paul geschaffene ★ *Apostel-Altar* mit seinen typischen, sanft melancholisch wirkenden Holzplastiken. Die Kunst des Meisters zeichnet sich durch seine lebensnahe Darstellung aus. So wirkt auch die Abendmahl-Gruppe im Altarsockel eher wie eine fröhliche Männerrunde, denn als das letzte Treffen der Apostel vor der Kreuzigung des Herrn. Der filigrane Altaraufsatz zieht sich in einzigartige Höhen (18,62 m), die sonst kein weiterer erhaltener Gotikaltar der Welt erreicht. Ein Superlativ, den Sie sich nicht entgehen lassen sollten! *Nur mit Führung, Ticket: 1,30 Euro, Ostern–Juni und Sept./Okt. Mo 11.30–16, Di bis Sa 8.30–16, So 13–16, Juli/Aug. Mo 11–17, Di–Sa 9–17, So 13–17, Nov.–Ostern Di–Sa 8.30–16 Uhr*

Thurzo-Haus (Thurzov dom) Insider Tipp
Eines der prächtigen Beispiele, wie man sich im östlichen Europa die italienische Renaissance vorstellte: am Thurzo-Haus bestechen die satte ockergelbe Farbe mit ochsenblutroten Sgraffito-Zeichnungen sowie

Apostel-Altar in der St.-Jakob-Kirche

die knubbeligen Zinnen mit versetzten Wimpeln: Stein gewordener Patrizierstolz. *Nám. Majstra Pavla 16*

Haus von Meister Paul (Dom Majstra Pavla)

Hinter eher bescheidener Fassade befindet sich das ehemalige Wohnhaus von Meister Paul. Die Zeugnisse zu seinem Leben sind spärlich, dafür können Sie einige gelungene Nachbildungen seiner berühmten Figuren endlich mal aus nächster Nähe betrachten. *Di–So 9–17 Uhr, Nám. Majstra Pavla 20*

Die Restaurantauswahl ist im Gegensatz zum Kunstangebot nicht berauschend: Gut essen können Sie im *Hotel Arkada (€€)*. Ein angenehmes Familienunternehmen ist die Snack-Bar und Restaurant *U Janusa*, bei kaltem Wetter sorgt ein Kamin für gemütliches Sitzen *(Kláštorská 22, €)*. Auf dem Weg zur Zipser Burg (ca. 11 km Richtung Prešov) bietet der *Spišsky salaš* deftig-typische Kost in stilgetreuem Ambiente *(Hinweisschilder vorhanden, Tel. 053/454 12 02, €€)*.

Hotel Arkáda

Am Hauptplatz, in historischem Gebäude, mit neu hergerichteten Zimmern. *Tel. 053/4512255, Fax 451 22 55, www.arkada.sk, €€*

Insider Tipp Hotel Satel

Ein durchschnittliches Stadthotel, das allerdings in einem sehr schönen und typischen Levočer Haus

untergebracht ist: über schmiedeeiserne Pawlatschenbalkone gelangen Sie in Ihr Zimmer. Der Hof wird im Sommer als Café mit englisch-massiven Gartenmöbeln genutzt. *Nám. Majstra Pavla 55, Tel. 053/451 29 43, Fax 451 44 86, €€*

Kultúrno-informačné centrum
Nám Majstra Pavla 58, 05401 Levoča, Tel./Fax 053/451 37 63, www.levoca.sk

Slowakisches Paradies (Slovenský raj)   [122 A3]

Südwestlich von Levoča und westlich von Spišska Nova Ves erstreckt sich ein ungemein reizvolles Karstgebiet, das die Slowaken ihr »Paradies« nennen und zum Nationalpark erklärt haben. Wie für diese geologischen Formationen typisch, gibt es hier steile Schluchten, romantisch bis wild plätschernde Wasserfälle und Höhlen. Ausgangspunkt für viele Wanderungen im oberen Teil ist der Stadtteil Čingov von Spišská Nová Ves. Zur schönsten und interessantesten Trasse zählt jene über den *Thomas-Ausblick* (Tomašovský výhľad), wo Sie auf einer dramatisch abfallenden Felsenterrasse über dem Fluss Hornád bis hinüber zur Hohen Tatra blicken können. Ein weiterer Höhepunkt ist die schon anspruchsvollere Durchquerung des Hornád-Durchbruchs, wo Sie auf die Hilfe von Stegen, Ketten und Steigeisen angewiesen sind.

Ein touristisches Zentrum im Süden des Slowakischen Paradieses ist *Dedinky* am Stausee *Palcmanská*

Maša. Hier sind Sie mittendrin im typischen Karstgebirge und können im Sommer am See auch Wassersport treiben. Unbedingt einen Besuch wert ist die unweit gelegene ★ *Dobšiná-Eishöhle*. Allein die momentan zugänglichen 475 m des insgesamt 1232 m langen Eispalasts geben ein eindrucksvolles Bild von der gläsern, kalten Pracht von Eisfällen, Stalagmiten und Eissäulen. An der dicksten Stelle misst das Bodeneis satte 26,5 m.

Zipser Burg
(Spišský hrad)   [122 B3]
★ Wie ein Riff aus der Brandung taucht der Travertin-Felsen 16 km östlich von Levoča aus den sanften Hängen der Umgebung auf und trägt die Zipser Burg. Die frühesten Urkunden datieren von 1209, archäologisch lässt sich eine viel frühere Bebauung nachweisen. Sie zählt zu den größten Burganlagen Europas (über 4 ha) und wird seit 1993 von der Unesco geschützt. Im Sommer gibt es am Burghang Rittergefechte und Turniere vor authentischer Kulisse *(Auskunft über Infobüro Levoča). Burg mit Museum: Mai–Okt. Di–So 9–19 Uhr*

Zipser Kapitel
(Spišská Kapitula)   [122 B3]
Es ist der Bischofssitz der Region (14 km östlich von Levoča), und die wenigen Gässlein säumen fast ausschließlich Priesterwohnungen. In der zweitürmigen St.-Martins-Kathedrale (1245–75) stehen die wertvollsten Altäre nicht in der Mitte, sondern an den Seiten, sie sind wieder Meisterwerke spätgotischen Kunstschaffens. Berühmt ist hier auch der *Leo albus*, ein weißer Steinlöwe aus dem 13. Jh., wie man sie sonst in der Slowakei kaum findet.

Insider Tipp

Žehra   [122 B3]
In dem 22 km östlich von Levoča gelegenen Durchschnittsdorf sind in der Hl.-Geist-Kirche, einer kleinen Dorfkirche mit etwas überdimensioniertem Zwiebelturm, seltene und wunderschöne Fresken aus dem 13. bis 15. Jh. zu bewundern. Auch sie wurden inzwischen unter den Schutz der Unesco gestellt. Auf einem mehrsprachigen Hinweisschild ist angegeben, wo Sie den Pfarrer, der Ihnen gern aufschließt, zu den üblichen Besuchszeiten finden können.

Insider Tipp

Spät nachts einkaufen

In einer »večierka« den Noteinkauf tätigen

Hinter der Aufschrift *večierka* an kleinen Läden verbirgt sich ein höchst willkommener Service. *Večierka* bedeutet so etwas wie »Abendlädchen«. Hier können Sie das Nötigste zum Überleben einkaufen, wenn alle anderen Geschäfte schon geschlossen haben. Selbst in kleinen Städten gibt es sie – da muss man die Einheimischen allerdings meist fragen, weil sie oft versteckt liegen. Doch an Sonn- und Feiertagen und bis spät in die Nacht stehen sie auch hier zur Verfügung.

Durch die Karpaten und das Waagtal

Die Touren sind in der Karte auf dem hinteren Umschlag und im Reiseatlas ab Seite 114 grün markiert

1 DIE GROSSE TATRA-TOUR

Die Kleinteiligkeit der Tatra erlaubt es, sich von den höchsten Erhebungen des Karpatengebirges in wenigen Tagen einen Eindruck zu verschaffen. Diese östlichen Mini-Alpen sind in verschiedene Höhenzüge unterteilt, die Sie je nach eingeschobenen Wanderungen in 6–8 Tagen kennen lernen können. West-Tatra, Niedere und Hohe Tatra sowie die sich im Norden anschließende Weiße Tatra und die Pieninen eröffnen auf kleinem Raum die Vielfalt der famosen slowakischen Bergwelt. Die Route ist mit allen Abstechern insgesamt ca. 1000 km lang.

Von Bratislava aus erreichen Sie nach 250 km (Autobahn oder zumindest gut ausgebaute Fernstraßen) kurz hinter Martin den Ort *Kral'ovany* am Zusammenfluss von Orava und Waag, dem Eingangstor zu den Tatra-Massiven. Hier geht es ab von der Fernstraße, in Richtung

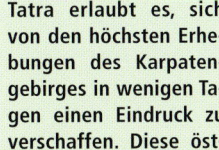

Blühende Bergwiese in der Hohen Tatra

Dolný Kubín (S. 63) und durch die Ausläufer der Kleinen Fatra linker Hand und der Oraver-Höhe auf der rechten Seite: stille Berge des Landstrichs Orava, der von vielen slowakischen Dichtern besungen wurde, allen voran von Pavol O. Hviezdoslav. 24 km hinter Dolný Kubín, seinem Lebens- und Sterbeort, erreichen Sie in Oravský Podzámok die wildromantische *Orava-Burg (S. 64)* auf halsbrecherisch abfallendem Gefelse. Weiter geht es nach *Tvrdošín* (21 km, *S. 64*), wo Sie sich die hölzerne Allerheiligen-Kirche nicht entgehen lassen sollten. Dann trennen Sie nur noch wenige Kilometer vom »Meer der Slowaken«, dem *Orava-Stausee (S. 63)*. Außer Wassersport und Baden lockt im Sommer eine Schifffahrt auf die Museumsinsel *Slanický ostrov*. Ganz im Norden, über der Kleinstadt Námestovo, erheben die gemäßigten Höhen der Oraver Beskiden, des Grenzkamms zu Polen.

Zurück über Tvrdošín geht es nach 6 km links über Habovka nach *Zuberec (S. 65)*. Aus diesem Dorf der West-Tatra führt der Weg zum Nationalpark über das Freilichtmuseum des Oraver Dorfes. Wenn Sie hier Quartier bezogen haben, können Sie im Museum an einer ebenso stimmungs- wie eindrucksvollen Abendführung teilnehmen *(S. 65)*. Am Ende der Fahrstraße können Sie dann zumindest einen Blick auf das Roháče-Massiv der West-Tatra werfen, eine Gegend von friedlicher Abgeschiedenheit, denn nirgends sonst in der Tatra gibt es weniger Tourismus.

Das beschauliche Zuberec ist durch eine gewundene, aber gut befahrbare Straße (584) mit dem zweiten Stausee der Hochkarpaten, der *Liptovská Mara (S. 62)*, verbunden. Bade-, Surf- und Segelmöglichkeit bietet in östlicher Richtung *Liptovský Trnovec* mit seinem am See gelegenen Campingplatz nebst Strandbad. 6 km weiter folgt *Liptovský Mikuláš (S. 62)*, das städtische Zentrum des ganzen Tals. Am Hauptplatz steht das *Janko-Král'-Museum*. In diesem Gebäude wurde der Räuberhauptmann Jánošík zum Tod am Eisenhaken verurteilt.

Eine getreu nachgebildete Folterkammer hilft Ihrer Phantasie auf die Sprünge lässt Sie seine Qualen erahnen.

Kurz hinter der Stadt zweigen Sie bei Liptovský Peter (8 km) von der 537 nach *Pribylina* ab. Hier befindet sich das Liptauer Museumsdorf mit vielen Tieren und attraktiven Angeboten (siehe »Mit Kindern reisen«). Von Pribylina ist auch schon der sagenumwobene Berg Kriváň schön zu sehen, sofern er sich nicht stolz in Wolken hüllt. Ab Podbanské reihen sich entlang der »Straße der Freiheit« *(Cesta slobody)* die berühmtesten Orte der Hohen Tatra wie Perlen auf einer Schnur. *Štrbské Pleso (S. 58)* verfügt über einen geheimnisvoll dunkel glitzernden See, umstanden von einem herrlichen Gebirgspanorama: ein Rundumspaziergang sollte hier mindestens drin sein. *Starý Smokovec (S. 57)* ist sozusagen das hiesige Davos. Einige schön erhalte-

Hübsch verziertes Haus im Goralendorf Ždiar

ne Sanatorien der Jahrhundertwende dokumentieren die Geschichte des traditionsreichen Luftkurorts. Die Standseilbahn zum *Hrebienok* ist die beliebste und kürzeste Ausflugsmöglichkeit. Oben angekommen, können Sie entweder zu einer anspruchsvollen Bergtour aufbrechen oder einfach auf der Restaurantterrasse ein genüßliches Sonnenbad nehmen. Weiter geht es entlang der Tatra-Magistrale, einem insgesamt 70 km langen und auch zu Fuß zu erkundenden Weg nach *Tatranská Lomnica (S. 58)*. Hier bringt Sie die Seilbahn zur Lomnitzer Spitze (2632 m). Vom zweithöchsten Gipfel der gesamten Karpaten können Sie auf der Plattform der Wetterstation zum höchsten Berg, der Gerlsdorfer Spitze (2655 m), hinüber blicken.

Als wahrlich »hinterste« Gemeinde liegt das Dorf *Ždiar* schon in der Weißen Tatra und fast am Ende der Tatra-Magistrale. Hier hat das Bergvolk der Goralen für besondere Hausverzierungen gesorgt: kräftig rot, blau oder grün gestrichene Holzhäuser mit weißen Kreuzen und Strichen, die an Stickmuster erinnern.

Um zu den goralischen Flößern am Dunajec ins Boot zu steigen, müssen Sie die Straße 67 von Ždiar bis nach *Spišská Belá* fahren. Dann geht es auf der 77 etwa 22 km bis kurz vor Stará Ľubovňa, wo Sie die 543 zum Kloster *Červený kláštor (S. 56)* nehmen müssen. Am Kloster wartet ein kleines Museum, und im Sommer veranstalten die Flößer am Lagerfeuer rustikale Vespern mit deftigem Gulasch und Gebratenem – Schlusspunkt der aufregenden Fahrt durch die felsigen Täler des Grenzflusses Dunajec.

Zur Niederen Tatra kommen Sie am schnellsten, indem Sie von Stará Ľubovňa an auf der 77 bleiben. Ab Spišská Belá trägt sie die 67, ab Poprad geht es wieder Richtung *Liptovský Mikuláš*, insgesamt 102 km. Am westlichen Ende der Stadt folgen Sie den Hinweisschildern zur *Demänovská dolina*. Das touristisch am besten erschlossene Tal an der Nordseite der Niederen Tatra säumen jede Menge Pensionen und Hüttensiedlungen. Oben im Hauptort *Jasná* (14 km) stehen dann einige große Hotels. Der Chopok (2023 m) ist hier der Hausberg; schön ist eine Kammwanderungen mit besten Aussichten auch zur Südseite der Niederen Tatra und zum Ďumbier (2045 m), dem höchsten Gipfel hier. Eine weitere Attraktion bieten in diesem Tal die *Demänová-Höhlen (S. 62)*; sie liegen etwa auf halber Strecke nach Jasná.

Zurück am Talende lohnt es, in Richtung Westen die Landstraße 18 zu nehmen. Der Anblick der umliegenden Berge wird nicht durch Autobahnmarkierungen geschmälert, und Sie können nach 7 km einen Abstecher nach *Svätý kríž* mit der gleichnamigen Artikularkirche kurz vor Lazisko unternehmen. Sie wurde vor der Flutung des Stausees hierher verlegt und ist allein in ihrer Größe schon beeindruckend.

Zurück auf der 18 und kurz bevor Sie das Gebiet um den Stausee verlassen, können Sie im *Aquapark Tatralandia* wieder mal heiße Thermalquellen genießen. Kleine, neu entstandene Pensionen sorgen dafür, dass Sie hinterher träge ins Bett fallen können. Eine letzte, von der gesamten Welt geschützte Attraktion hält die Tatra-Tour kurz vor Ružomberok bereit. Nehmen Sie 8

Insider Tipp

km hinter Bešeňová an der Ortsein-
fahrt die Straße E77 Richtung Banská Bystrica. Nach 4 km geht es hinter Biely Potok in der Ortschaft Ja-
zierce ab ins *Museumsdorf Vlkolínec (S. 63)*, direkt am hübschen
Motel *Vlčí dvor* mit empfehlens-
wertem Restaurant, in dem an küh-
len Tagen ein offener Kamin brennt
(Tel. 044/432 16 62, €). Der Weg
schlängelt sich am Bach und später
steile Bergwiesen hinauf. Vor dem
denkmalgeschützen Ort müssen Sie
das Auto auf dem Parkplatz abstellen. Vlkolínec vermittelt auf beeindruckende Weise das abgeschieden-
karge Leben der slowakischen Berg-
bauern noch um die Mitte des 20.
Jhs. Zurück nach Ružomberok, und
von hier wieder die gleiche Route
wie zur Hinfahrt, diesmal Richtung
Bratislava nehmen.

*Kurbad mit dem Charme der
Wende zum 20. Jh.: Piešťany*

2 STÄDTE- UND BURGENTRIP DURCHS WAAGTAL

**Diese Route durch das
fruchtbare Waagtal ist
für all jene zu empfeh-
len, die den Kulturge-
nuss in den Vordergrund stellen
und die Natur eher passiv genießen wollen. Sie sollten 4–5 Tage
einplanen und werden dabei rund
430 km zurücklegen.**

Von Bratislava geht es auf der
Autobahn E 75 nach *Trnava (S. 52)*,
dem »slowakischen Rom«. Rund
um den Dreifaltigkeitsplatz finden
Sie alles, was sehenswert ist, vor allem die Universitätskirche mit ihrem beeindruckenden Barockaltar.
Doch auch den Nikolaus-Dom mit
seinen zwei roten Spitzhauben sollten Sie nicht auslassen. Bemerkens-
wert, weil ungewöhnlich gut erhalten: die Stadtbefestigung, deren
Burggraben zum Spaziergang einlädt. Nach weiteren 40 km gen
Norden erreichen Sie das einst
weltberühmte Kurbad *Piešťany (S.
46)*. Auf einer Insel im Fluss Waag
stehen die meisten Kurhäuser mit
Badeanstalten. Zur Zeit am schönsten, weil bereits modern saniert
und in seinem historischen Ausse-
hen erhalten, ist das <mark>Napoleonsbad</mark>
in Kaisergelb. Hier ist man auch auf
ambulante Anwendungen, also auf
Laufkundschaft eingestellt – Sie
sollten sich ein Bad im wohl temperierten Thermalwasser mit anschlie-
ßender Massage gönnen.

Insider Tipp

Nächste Station nach 42 km ist *Trenčín (S. 49)* mit seiner weithin sichtbaren, stolzen Burg. Selbst wenn Sie sich die detaillierte Burgbesichtigung aus Zeitgründen sparen, sollten Sie zumindest den Burgberg besteigen. ◣◢ Die Aussicht auf Altstadt, Waag und Weiße Karpaten, die diesen Flussabschnitt in weiter Ferne als sanft hintereinander versetzte Bergsilhouetten begleiten, ist sagenhaft!

Zum nächsten Etappenziel *Žilina (S. 66)* sind es 77 km. In den Altstadtgassen der nördlichen Industriestadt werden Sie rund um einen zentralen Platz mit Renaissance-Lauben kleinstädtische Ausprägungen von Jugendstil entdecken. Die kräftigen Farben stechen manchmal ein wenig ins Auge, doch ist Žilina damit im Vergleich zu den ansonsten vor allem an k.u.k-Habsburg erinnernden Waagtal-Städten etwas Besonderes. Das *Waagtalmuseum* im *Schloss Budatín* mit seinem mächtigen, runden Wehrturm ist u. a. wegen seiner weltweit einzigartigen Drahtflechtarbeiten einen Besuch wert.

Von Žilina geht es anschließend auf der Straße Nr. 64 in den Süden Richtung Prievidza. Nach etwa 30 km, kurz hinter dem Ort Fačkov, führt die Straße herrlich abgeschieden am Bach entlang in das Dorf *Čičmany (S. 67)*. Die typischen Blockhäuser mit ihren geometrischen Verzierungen sind zum Großteil noch bewohnt, sodass Sie vom früheren Leben auf dem slowakischen Land einen authentischen Eindruck gewinnen. Üppige Bauerngärten zieren dieses »belebte« Museum. Zwei Gebäude mit historischer Ausstattung können besichtigt werden. Wer hier von der Bewegung in freier Natur nicht mehr abzuhalten ist, findet dazu im umliegenden Naturschutzgebiet beste Gelegenheiten. Um die Fahrt nach Prievidza fortsetzen zu können, müssen Sie wieder zurück auf die 64. Knapp 30 km weiter erreichen Sie die Stadt, an deren westlichen Berghängen die romantische *Burg Bojnice (S. 67)* aus den Baumkronen aufragt. Nach einer buchstäblich märchenhaften Führung – durch kostümierte Burgfräulein – werden Sie verstehen, warum Bojnice die beliebste Burg der ganzen Slowakei ist. Ein nach all der Fahrerei entspannendes Plantschen in Thermalwasser ist im hiesigen Kurbad ebenfalls möglich.

Die letzte Etappe der Rundfahrt ist *Nitra (S. 43)*, an derselben Straße 80 km südlicher gelegen. Die Stadt liegt am Rand der weit gespannten Donauebene. Sozusagen in Ihrem Rücken beginnt das Tribeč-Gebirge. Aus dem flachen Stadtgelände ragt der Burgberg empor, auf seiner Spitze als nationales Kleinod die St.-Emeram-Kathedrale tragend. Nitra ist stolz auf die erste christlich geweihte Kirche auf slowakischem Gebiet, die hier oben gestanden haben soll. Das heutige, in unterschiedlichen Epochen fertig gestellte Gotteshaus wird Sie auch beeindrucken, wenn Sie ansonsten kein Liebhaber sakraler Kunst sind. Bei Bruder Ivan gibt es den Schlüssel zum *Vasil-Turm (Vasilova veža)*, der einen Balkon mit wunderbarer Aussicht besitzt. Die Fahrt zurück nach Bratislava (92 km) geht durch die sonnenverwöhnte Donauebene. Bevor Sie die Autobahn erreichen, werden Sie Alleen aus Obst- und Walnussbäumen an frühere Zeiten erinnern.

Aktiv sein in urwüchsiger Natur

Fahrrad fahren, Wandern, Wassersport – in der Slowakei können Sie sich mit einer ganzen Reihe von Aktivsportarten fit halten

Urlaub in der Slowakei, das ist fast gleichbedeutend mit sportlicher Aktivität. Wandern und Skifahren sind die gängigsten Sportarten. Ein Routenführer verzeichnet über 1200 markierte Wanderwege im Land. Das bedeutet kilometerlanges Wandern bis in die höchsten Regionen der Zweitausender-Gipfel. Über Skilifte verfügen selbst in der Ebene liegende Städte wie die Hauptstadt selbst. Ansonsten müssen die Slowaken nicht lange zu neuen, auch extremen Sportarten überredet werden. Für Fahrrad- und Mountainbikerouten werden zunehmend eigene Karten herausgegeben. Kanu, Kajak und Rafting können Sie betreiben, und selbst das Golfen ist im Kommen. Tennis ist dagegen schon fast ein alter Hut.

FAHRRAD FAHREN

Jede Tourismuszentrale, die auf sich hält, gibt Spezialkarten für die *cykloturistika* heraus. Besonders interessante Gelände: am Fuß der Hohen Tatra mit Extrembiken bis ins Hochgebirge hinauf (Broschüre mit Routen verkauft das Infobüro Liptovský Mikuláš) sowie in der Zips und im Mittelgebirge. Gemächlicher geht es rund um Nitra und an der Donau dahin. Vom Verlag VKÚ gibt es für alle Regionen Radkarten *(cykloturistická mapa)* mit detaillierten Wegbeschreibungen (auch auf Deutsch). Organisiert sind die slowakischen Radler im: *Slovenský cykloklub, P.O.B. b-2, A. Trajana 2, 92101 Piešťany, Tel. 033/774 05 48, Fax 774 05 49, sck@nextra.sk*

Insider Tipp

ANGELN

Ein beliebter Volkssport, dem Sie an den zahlreichen Flüssen, Bächen und Seen nachgehen können, wenn Sie sich in der zuständigen Gemeinde (oft über das Infobüro) einen Berechtigungsschein geholt haben.

Herausforderung für Wanderer: Geröllhalde in der Hohen Tatra

GOLF

Dieser Sport ist noch Neuland in der Slowakei. An drei touristisch attraktiven Punkten gibt es 9-Loch-Plätze mit Driving range, die auch öffentlich zugänglich sind: in *Bernolákovo*, in einem barocken Kastell bei Bratislava *(Kaštieľska 4, Tel./Fax 02/45 99 42 21, www.golf. sk)*, in *Veľká Lomnica* am Fuß der

Hohen Tatra, *(Tel. 052/788 17 81, www.golfinter.sk)* und im Stadtteil *Alpinka* bei Košice *(Čermeľská dolina, Kontakt über Herrn Sopko, Tel. 0903/90 16 63)*. An den Südhängen der Niederen Tatra unweit von Brezno in Tále eröffnete jüngst der erste 18-Loch-Platz: *Sivy Medveď* (»Grauer Bär«), *www.graybear.sk.*

HÖHLENWANDERN

★ Auch dies ein echter Geheimtipp! Auf Englisch *spelunking* genannt, bieten die Höhlenführer des Slowakischen Paradieses und Karsts sowie der Liptauer Region Führungen durch Höhlen an, die normalerweise der Öffentlichkeit nicht zugänglich sind. Ein Untergrundabenteuer für trainierte Bodys, die Herausforderungen suchen *(Speological Guide Service, Rožňava, Tel. 058/734 34 26, www.svssk.sk)*. In den slowakischen Mittelgebirgen bei Banská Bystrica geht es auf ähnliche Weise durch die Fledermaus-Höhlen: *Dead Bats Cave, Tel. 048/617 54 28, jaskyna@aja.sk*

KANU & RAFTING

Die an Flüssen reiche Slowakei bietet für alle Bootstypen gute Reviere: von den träge fließenden großen Flüssen bis zu den im Frühjahr gefährlich sprudelnden Bergbächen der Tatra. Garantierte und kontrollierte Wildwasserkraft können Sie in den künstlichen Anlagen in *Čunovo* bei Bratislava und in der Nähe von *Liptovský Mikuláš* erproben *(Auskunft über die jeweiligen Infobüros)*. In der Nähe von Žilina, beim Waag-Durchbruch, bietet ein Rafting-Verein seine Dienste an *(Tel. 041/569 76 73, www.strecno.sk).*

KLETTERN

Klettern in der Tatra – damit können Sie zu Hause punkten! Da alle Tatra-Regionen Nationalparkgebiet sind, wenden Sie sich bitte vor Ort an die Vereinigung der Bergführer, die berät und spezielle Touren anbietet: *Kancelária horských vodcov, Starý Smokovec, Tel. 052/442 20 66, Mobiltel. 0905/42 81 70, www.tatry.sk; Notruf der slowakischen Bergrettung: Tel. 183 00*

PARAGLIDING

Fans dieser Sportart schätzen die mittleren Berghöhen der Slowakei für ihren Freizeitspaß. Deshalb entstand ein Zentrum für Gleitflieger am Fuß der Hohen Tatra in den ansteigenden Höhen rund um Liptovský Mikuláš, Auskunft, Verleih und Verkauf: *M-fly, Peter Mensár, Tel. 0905/35 77 43, www.m-fly.sk.* Einen bequemeren Aufstieg (Sessellift) für späteres kilometerweites Fliegen bietet *Donovaly* unweit von Banská Bystrica: *PEGAS paragliding, Camping Kamzík, Mobiltel. 0903/44 14 16, pegasmiro@yahoo.com*

REITEN

Zunehmender Beliebtheit erfreuen sich Reiterferien auf der »Ranch«. Immer mehr Privatpensionen halten Pferde für Ausritte ihrer Gäste bereit, fast immer Höfe der Agrotouristik *(S. 106)*. Im großen, bekannten Gestüt von *Motešice* (unweit von Trenčín) können Sie große Pferdeherden nicht nur auf weiten Koppeln bewundern, sondern gegen geringes Entgelt auch Tiere zum Ausreiten in die umliegenden Hügel mieten. *Tel. 032/659 47 14*

Insider Tipp!

SKI FAHREN

Sogar die Hauptstadt an der Donau verfügt über einen Schlepplift! Die attraktivsten Skigebiete sind die Hohe Tatra *(Smokovec, Štrbské Pleso)* und die Niedere Tatra *(Jasná* und *Donovaly* am Übergang zur Großen Fatra) sowie die West-Tatra *(Zuberec)*. Ein beliebtes Skigebiet ist auch das *Vrátna-Tal* der Kleinen Fatra. Die modernsten Liftanlagen dürfen Sie nicht erwarten, aber bei Bedarf werden Pisten mit Schneekanonen präpariert. Aktuelles über Pisten- und Schneeverhältnisse: *www.ski.sk.*

Langlaufskier heißen auf slowakisch *bežky,* und dafür gibt es in den Skizentren immer auch Loipen. Besonders schön für Langläufer sind Touren in der West-Tatra, da hier weniger Skirummel herrscht als in den anderen Tatras.

TENNIS

Wenn Sie passionierter Tennisspieler sind, müssen Sie auch in der Slowakei nicht auf Ihr Hobby verzichten. Tennis ist sehr beliebt. In vielen Hotels und allen Touristenzentren können Sie sich zu einem Ballwechsel auf den Court begeben.

WANDERN

Die Slowakei ist ein wahres Wanderparadies. Sie können hier in allen Höhenlagen wandern und werden sicher auf Ihre Kosten kommen. Sie werden kaum einen Fleck finden, wo Sie nicht zumindest für einen ausgedehnten Rundweg aufbrechen können. Jedes Tourismusbüro hält detaillierte Wanderkarten bereit, oder Sie gehen vor Ort in eine Buchhandlung.

Sport in unberührter Winterlandschaft: Langläufer in der Hohen Tatra

Burgherr, Bauer oder Bergmann spielen

Die Landschaft bietet Kindern ein unverfälschtes Naturerlebnis. Spielend lernen sie, was es einmal bedeutete, Burgherr oder Bauer zu sein

Kinder gehören in der Slowakei einfach dazu, man widmet ihnen unaufdringliche aber herzliche Aufmerksamkeit. Platz zum Spielen und Herumtollen ist in der herrlichen Natur des Landes nahezu unbegrenzt vorhanden. An heißen Sommertagen stehen im ganzen Land Frei- oder Thermalbäder zur Erfrischung bereit. Spezielle Programme für Urlaubskinder haben die Tourismusvereine zwar selten parat, doch sie stehen gern mit Rat zur Seite, wenn es darum geht, z. B. einfache Wanderungen herauszusuchen. Außerdem gibt es außer Zoos einige Freilichtmuseen, die Tiere zum Streicheln halten. Manchen Burgen und Schlössern sind Falknereien angeschlossen, die die Greifvögel nicht nur in Aktion zeigen, sondern mit kostümierten Rittern und Raufbolden auch für die passende Stimmung und Kulisse sorgen. Hotels sind in der Regel immer bereit, ein Beistellbett *(prístelka)* zur Verfügung zu stellen, meist gegen einen geringen Aufpreis. Kinder bis zu drei Jahren sind kostenfrei. In Restaurants gibt es zwar

Selbst gepflückte Wildbeeren schmecken besonders lecker

nicht immer (aber immer öfter) ausgewiesene Kindermahlzeiten, im Normalfall wird man Ihnen jedoch mit kleineren, kindgerechten Portionen gern entgegenkommen.

BRATISLAVA/ KLEINE KARPATEN

Bibiana [118 A4–5]

Insider Tipp

Unweit des Martins-Doms in Bratislava steht das Haus Bibiana, eine internationale Begegnungsstätte für Kinder. Hier werden in- und ausländische Kinderbücher gesammelt und ausgestellt; die Organisation vergibt alle zwei Jahre die bei Illustratoren begehrten BIB-Äpfel für künstlerisch anspruchsvolle Kinderbücher. Im Spielzimmer können die Inspirationen beim Malen und Basteln umgesetzt werden. *Bibiana, Panská 41, Di–So 10–18, www.bibiana.sk*

Donaufahrt nach Gabčikovo [118 B–C 5–6]

Ökologisch umstritten, bietet sich das Wasserkraftwerk als Ziel einer Donaufahrt von Bratislava dennoch an: Am Kraftwerk sehen Kinder, wie eine Schleuse funktioniert. Unterwegs erleben sie einen der größten

Flüsse Europas. *Abfahrt in Bratislava Mai–Aug. Sa 12.30 (Rückkehr 15.30 Uhr), Sept. Sa 11.30 Uhr, Tickets 10, Kinder 6,50 Euro: Slovenská plavba, Fajnorovo nábr. 2, Tel. 02/52 93 22 24, www.lod.sk*

DONAUEBENE/WAAGTAL

Landwirtschaftsmuseum Nitra [119 D4]

In Schaukästen lernen Kinder Allgemeines über die vorzeitliche Ernährung, sie können auf dem großen Gelände zwischen den Häuschen herumspringen und alte Fertigkeiten wie Mehlmahlen, Ölpressen, Brotbacken, oder Bienenzüchten in Augenschein nehmen. Für Technikfreaks sind alte Traktoren und kleine Flugzeuge aufgestellt. *Slovenské pol'nohospodárske múzeum, Dlhá ul. 92, April–Okt. Di–So 9–17 Uhr, Eintritt 1,70, Kinder 1 Euro*

FATRA UND TATRA

Bojnice [120 B4]

★ Außer einem märchenhaften Schloss mit Höhle erwartet Kinder auch eine Falknerei: Geier, Falken, Eulen fliegen über die Köpfe des Publikums hinweg, um sich einen Happen Fleisch abzuholen. Auf der Bühne wird mittelalterlich gerauft. Besondere Attraktion im Schloss: die Abendführung *(nur Juli/Aug. Fr/Sa 21 Uhr)* bei Kerzenlicht mit spukenden Geistern und grausamen Unholden *(Múzeum Bojnice, Mai bis Sept. Di–So 9–17, Okt.–April Di bis So 9–15 Uhr, Eintritt 4, Kinder 2 Euro)*. In Schlossnähe gibt es auch ein Thermalfreibad *(Freibad Čajka, ul. Rybníčky 6)* und den ältesten slowakischen Zoo *(Mai–Sept. tgl. 8 bis 19, Okt.–April 8–15.30 Uhr)*.

Insider Tipp

Freilichtmuseum Pribylina [121 E2]

Das kleine Liptauer Musterdorf mit Wohnhäusern und einer alten Schule begeistert Kinder vor allem wegen der vielen Tiere, die hier gackernd, meckernd und schnaubend übers Gelände laufen. Auf dem Programm stehen auch Handwerker-Seminare. *Skanzen Pribylina, 16. Mai–Juni tgl. 9–16.30, Juli–15. Sept. 9–18.30, 16. Sept.–Okt. 9 bis 16, Nov.–15. Mai Mo–Fr 9–15.30 Uhr, letzter Einlass 1 Stunde vor Schluss, Eintritt 2, Kinder 1 Euro*

ERZGEBIRGE

Bergbaumuseum Banská Štiavnica [120 B–C5]

Sich wie ein Bergmann fühlen und durch unterirdische Schächte stapfen – das Bergbaumuseum bietet neben Förderturm und Schmiedewerkstatt auch dies. In 33 bzw. 45 m Tiefe durchläuft man die 1,2 km langen Bartholomäus- und Johannes-Schächte. *Banské múzeum v prírode, Banská Štiavnica, ul. J. K. Hella 12, April und Nov. Di–Fr 8 bis 16, Mai–Okt. Di–So 9–17 Uhr, Eintritt 1,80, Kinder 0,80 Euro*

Dampfeisenbahn und slowakischer Urwald [121 D4]

Zwischen Chvatimech und Čierny Balog unweit von Brezno verkehrt eine historische Dampfeisenbahn auf Schmalspurgleisen *(von Chvatimech Mai/Juni, 1.–15. Sept. tgl. 10, 14, Juli/Aug. tgl. 9, 10, 12, 14, 16, 16. Sept–April Sa 12, 15 Uhr)*. Die Saison wird jedes Mal feierlich eröffnet. Am Flüsschen Čierny Hron entlang geht die Fahrt durch hügeliges, bewaldetes Gelände – die kleine Dampflok hat ganz schön

Auf Schloss Bojnice kann man Greifvögel hautnah erleben

zu schnaufen. Am östlichen Ortsende von Čierny Balog führt von Dobroč ein Wanderweg mit Lehrpfad zum so genannten Dobroč-Urwald *(Dobročsky prales)*. Ein Zertifikat des Europarats bescheinigt die Einzigartigkeit diese vorwiegend aus Buchen, Tannen und Fichten bestehenden Mischwalds, der hier in musterhafter Weise ohne menschliches Zutun entstanden ist. Die ältesten Bäume (ca. 450–500 Jahre alt) ragen wie Naturkathedralen in dem lichten Wald gen Himmel. *Auskunft Eisenbahn: Tel. 048/ 619 15 00; einfache Fahrt (ca. 50 Min.) 2,50, Kinder 1,20 Euro*

ZIPS/OSTSLOWAKEI

Domica-Höhle   [122 A5]

Südwestlich von Košice liegt das Höhlensystem Domica mit gut 5 km Länge auf slowakischer Seite (ca. 1,3 km zugänglich). Neben beeindruckenden Sinterausformungen werden Kinder besonders die hier lebenden Fledermäuse interessie-ren. Eine Attraktion, die es sonst in keiner anderen slowakischen Höhle gibt, ist eine Bootsfahrt über den unterirdischen Fluss Styx – die griechische Mythologie lässt grüßen. Die Domica-Höhle ist eine von vier slowakischen Höhlen, die zum Unesco-Welterbe zählen. *Jaskyňa Domica, 11 km südöstlich von Plešivec an der ungarischen Grenze, Juni–Aug. Di–So 9–16, Feb.–Mai, Sept. bis Dez. Di–So 9.30–14 Uhr, Eintritt mit Bootsfahrt 3,50, Kinder 2 Euro*

Zipser Burg   [122 B3]

Sie ist nicht nur ein Traumziel für Erwachsene, auch Kinder spüren sofort die Faszination dieser wie auf einem Riff thronenden Burg, deren Zugang sie sich aber erwandern müssen. Dahinter können Sie dann im Ort Hodkovce auf einem 1,4 km langen Lehrpfad zum Dreveník aufbrechen, einem bizarr geformten Travertinfelsen, von dem aus die Burg nochmal schön zu sehen ist. *Mai–Okt. Di–So 9–19 Uhr, Eintritt 1,50, Kinder 0,80 Euro*

Angesagt!

Was Sie wissen sollten über Trends, die Szene und Kuriositäten in der Slowakei

Wie im Wilden Westen

Äußerst beliebt sind zurzeit Reiterhöfe, die möglichst stilecht einer amerikanischen Ranch nachempfunden sind. Viele bieten Übernachtungsmöglichkeiten, sodass Pferdenarren auch zum Wochenendtripp samt Familie anreisen und sich dann wie Cowboys in den Sattel schwingen können. Das echte Amerika ist weit und teuer – und so geht's ja auch.

Pop-Ladies

Das Ex-Fotomodell Jana Kirschner errang mit ihrem ersten Album gleich einen Achtungserfolg. Seither steigt die Popularität ihrer meist auf Slowakisch gesungenen Lieder, die sich am internationalen Pop orientieren. Die CD »Veci, čo sa dejú« (Dinge, die geschehen) kam 2004 auf den Markt. Persönliche Freundin und zugleich größte Konkurrentin ist Misha. Mit ihren *rhythm-and-blues*-Melodien des Debütalbums »Colors in My Life« heimste sie beim Start 2002 gleich drei der begehrten Aurel-Figuren der Slowakischen Musikakademie ein. 2003 wurde sie Sängerin des Jahres, und seit 2004 liegt ihr zweites Album »Misha« vor.

Rollerblades

Die rollenden Schuhe sind auch in der Slowakei im Kommen, auch wenn zuweilen noch staksige Beine darin stecken. Sobald sich nach Geschäftsschluss die Straßen leeren, schwärmen selbst in kleinen Städten die Inlinefahrer aus.

Retrostil

Von der sozialistisch interpretierten Moderne hatte man schon lange die Nase voll. Mit dem Aufkommen der beliebten Pubs schwappte auch bei anderen Lokalen eine Nostalgiewelle übers Land. Ob Bistro, Landhaus, Western Ranch oder k.u.k. Habsburg – alles versucht man stilgetreu nachzuahmen.

Čajovňa

Bei uns längst passé, sind »Teestuben« – so die deutsche Übersetzung – in der Slowakei zu einem regelrechten Boom geworden. Mal sind sie esoterisch angehaucht (mit dem Verkauf von entsprechender Literatur), meist sind es aber einfach nur nette, kleine Cafés, in denen man gemütlich zusammensitzt, wo nicht geraucht und eher »softe« Musik gespielt wird.

Von Anreise bis Zoll

Hier finden Sie kurz gefasst die wichtigsten Adressen und Informationen für Ihre Slowakei-Reise

ANREISE

Mit dem Auto

In der Slowakei benötigen Sie für die Nutzung der Autobahnen eine Vignette, die es für 15 Tage (150 Sk/3,75 Euro) oder ein Jahr (750 Sk/19 Euro) an den Grenzen und an Tankstellen zu kaufen gibt. Die gängigste Anreise aus dem Westen ist über Wien, ein großer internationaler Übergang befindet sich in Kittsee/Jarovce. Vom Nordwesten können Sie über die Tschechische Republik, über die Autobahn von Brünn anreisen.

Mit der Bahn

Mit der Bahn verläuft die Anreise ähnlich wie mit dem Pkw. In Wien müssen Sie meist den Bahnhof wechseln (Züge nach Bratislava gehen vom Südbahnhof ab) oder zum Busbahnhof Wien-Mitte fahren: Von hier verkehren mehrmals täglich Busse. Über Prag und Brünn gibt es mehrere Bahnverbindungen in die Slowakei.

Mit dem Flugzeug

Üblich ist die Anreise über den Wiener Flughafen Schwechat, der schon auf halber Strecke nach Bratislava liegt. Die kleine Fluggesellschaft *SkyEurope (Tel. 02/ 48 50 48 50, www.skyeurope.com)* bietet zum Teil sehr günstige (ab 25 Euro plus Flughafengebühr) Städteverbindungen von Stuttgart und Zürich nach Bratislava an. Seit dem EU-Beitritt fliegt auch die *Lufthansa* von München und Berlin in die slowakische Hauptstadt, allerdings zu sehr viel höheren Preisen.

AUSKUNFT

SACR – Staatliche Slowakische Tourismus-Agentur

– *Nám. Ľ. Štúra 1, P. O. Box 35, 97405 Banská Bystrica, Tel. 048/ 413 61 46 (-48), Fax 413 61 49, www.sacr.sk*
– *Zimmerstr. 27, 10969 Berlin, Tel. 030/25 94 26 40, Fax 25 94 26 41*
– *Fillgraderstr. 7/IV, 1060 Wien, Tel. 01/513 95 69, Fax 513 97 63*

Viele städtische Tourismusbüros garantieren im Allgemeinen einen guten Service vor Ort (Adressen in den Regionenkapiteln). Für Versand von Prospektmaterial sind aber keine Finanzmittel vorhanden.

AUTO

Die Straßenverhältnisse sind gut bis sehr gut, an Tankstellen herrscht kein Mangel. Die meisten der großen Ölfirmen haben nonstop geöffnet und verbuchen die Tankfüllung in der Regel mit einer der gängigen Kreditkarten. Es gibt im ganzen Land bleifreies Benzin (NATURAL und SUPER PLUS). Geschwindigkeitslimits: Stadtgebiet 60 km/h, Landstraßen 90 km/h, Autobahnen 130 km/h. Achtung, die Polizei ist wachsam und ahndet Übertritte mit saftigen Geldbußen. Am Steuer gilt: 0,0 Promille! In der Winterzeit (15. Okt.–15. März) ist es Pflicht, mit eingeschaltetem Licht zu fahren.

BAHN

Das Netz der Slowakischen Staatsbahn ŽSR *(www.zsr.sk)* ist dicht geknüpft, Sie können zu fast allen Touristenzielen mit der Bahn fahren. Das Kursbuch ist an Bahnhöfen und in einigen Buchhandlungen erhältlich.

BANKEN

Geldwechsel wird von vielen privaten Wechselstuben und in allen größeren Hotels angeboten. Zu empfehlen sind jedoch die Banken, die nahezu überall, auch in kleinen Orten, über internationale Bankomaten

verfügen. Die Benutzung von gängigen Kreditkarten wie MasterCard und Visa setzt sich zunehmend durch, nicht nur in großen Hotels und guten Restaurants, auch in vielen Geschäften und Supermärkten.

BESICHTIGUNGEN & ÖFFNUNGSZEITEN

Fast alle Museen, staatliche Galerien und Höhlen unterscheiden zwischen einer Winter- und Sommersaison, mit jeweils unterschiedlichen Öffnungszeiten. In der Regel beginnt die Sommersaison April/Mai und endet September/Oktober. Auch wenn manchmal keine Mittagspause angegeben ist, kann es vorkommen, dass ein Museum um die Mittagszeit für kurze Zeit geschlossen hat! Die Eintrittspreise sind etwa um die Hälfte günstiger als bei uns. Für Fotografieren wird meist ein Extra-Entgelt erhoben. Bei Kirchen steht man leider – auch in größeren Städten – häufig vor verschlossener Tür. Als Gründe werden Diebstahl und mangelnde Finanzen für Alarmanlagen ge-

Ferien auf dem Bauernhof

Unter dem Stichwort »Agroturistika« gedeiht ein neuer Tourismuszweig

Der Branchenzweig ist noch neu, doch es werden immer mehr Höfe, die Ferien auf dem Bauernhof anbieten. Die Attraktion liegt auf der Hand: Reitpferde, Streicheltiere, frische Landprodukte und herrliche Natur gleich vor der Haustür. Führender Anbieter, der in seinem Katalog allerdings auch Objekte zur Auswahl hat, die nicht immer das bieten, was man von einem echten Bauernhof erwartet, ist *Slovensky Zväz vidieckej turistiky a agroturistiky (SZVTA), Dobrovicova 12, 81266 Bratislava, Tel./Fax 02/59 26 61 96, szvta@land.gov.sk.*

nannt. Fragen Sie in den Infobüros nach – nur mit interessierter Nachfrage könnte sich da etwas ändern.

Die meisten Geschäfte haben Mo–Fr 9–18 und Sa 9–13 Uhr geöffnet, Lebensmittelläden öffnen oft schon um 7 oder 8 Uhr und haben in großen Städten auch bis 19 oder 20 Uhr auf. Große Supermarktketten wie TESCO und Carrefour verkaufen oft auch am Sonntagvormittag oder sogar nonstop sieben Tage die Woche (Hypermarket).

€	SK	SK	€
1	40	10	0,25
2	80	20	0,50
3	120	25	0,62
4	160	50	1,25
5	200	75	1,87
7	280	100	2,50
8	320	200	5,00
9	360	500	12,50
10	400	800	20,00

BUS

Mit dem Bus kommen Sie fast in jeden Winkel der Slowakei, das Netz der Verkehrsbetriebe SAD ist ungewöhnlich dicht. Fahrpläne sind auch an Bahnhöfen oder in gut sortierten Buchhandlungen erhältlich. Und Busfahren ist preisgünstig!

CAMPING

In allen Touristenregionen gibt es Campingplätze, in vielen werden zusätzlich kleine Häuschen *(chaty)* vermietet. Freies Campen ist verboten und wird in Naturschutzgebieten und Nationalparks streng bestraft. Es gibt eine Karte mit allen Campingplätzen *(autokemping)*, herausgegeben vom Tourismus-Verband SACR und über dessen deutschsprachige Zweigstellen zu beziehen (siehe »Auskunft«).

DIPLOMATISCHE VERTRETUNGEN

Botschaft der Bundesrepublik Deutschland
Hviezdoslavovo nám. 10, 81303 Bratislava, Tel. 02/59 20 44 00, Fax 5441 96 34, www.germanembassy.sk

Botschaft der Republik Österreich
Ventúrska 10, 81101 Bratislava, Tel. 02/59 30 15 00, Fax 54 43 24 86, www.embassyaustria.sk

Botschaft der Schweiz
Tolstého ul. 9, 81106 Bratislava, Tel. 02/59 30 11 11, Fax 59 30 11 00, Vertretung@bts.rep.admin.ch

EINREISE

Trotz des EU-Beitritts benötigt man noch eine gültigen Reisepass oder Personalausweis, da die Slowakei das Schengener Abkommen noch nicht unterzeichnet hat.

GESUNDHEIT

Wer viel im Wald unterwegs ist, kann eine Zeckenimpfung in Erwägung ziehen. Mit der Europäischen Gesundheitskarte, die in den Ländern der EU seit Juni 2004 eingeführt wird, soll im Notfall eine unentgeltliche medizinische Versorgung gewährleistet sein. Zzt. wird von den Krankenkassen eine Ersatzbescheinigung ausgestellt, die aber nicht immer anerkannt wird. Angeraten ist deshalb eine private Auslandskrankenversicherung.

INTERNET

Infos: *www.sacr.sk, www.skonline. sk.* Diese und andere genannte Websites bieten Infos z. T. in Deutsch, zumindest aber in Englisch.

INTERNETCAFÉS

Der eigene PC ist noch die Ausnahme, also sind Internetcafés bei jungen Leuten beliebt. Es sind manchmal versteckte Lokale, nach denen Sie meist fragen müssen.

Internet Centrum Nextra [118 A5] In der Passage Perlička in Bratislava, Englisch sprechendes Personal. *Michalská 2, Mobiltel. 0905/95 72 07*

Cafe Internet [121 D2–3] Internetcafé in Liptovský Mikuláš, dem Zentrum der Tatra. *1. Maja 34, Tel. 044/552 60 73, www.imafex.sk*

JUGENDHERBERGEN

Sie heißen *turistická ubytovňa* und bieten günstige Übernachtungsmöglichkeiten in Mehrbettzimmern (5–10 Euro/Person). Im Sommer stellen auch Studentenwohnheime *(študentský domov)* ihre Zimmer jugendlichen Reisenden zur Verfügung.

KLIMA & REISEZEIT

Die Slowakei liegt in der gemäßigten Klimazone, wobei im Norden kontinentales Klima (trocken, mit größeren Temperaturschwankungen) vorwiegt. Im südlichsten Landestreifen ist der Einfluss ozeanisch feuchten Klimas zu spüren mit den wärmsten Durchschnittstemperaturen. Hauptreisezeit: Mai bis September. Im Juli/August kann es für Stadtbesichtigungen aber recht heiß werden. Wenn Sie wegen der schö-

nen Altstädte und Sehenswürdigkeiten kommen, werden Sie Juni
und September schätzen. Da sind
auch weniger Einheimische zu Burgen und Schlössern unterwegs.

NOTRUF

Ärztlicher Notruf 155, Polizei 158,
Straßenrettung 154, Feuerwehr 150,
Pannenhilfe 18124

POST

Briefmarken gibt es nur noch auf
der Post. Öffnungzeiten der Post-
ämter: Mo–Fr 8–17, Sa 8–12 Uhr.
In kleineren Orten kann früher
Schluss und mittags geschlossen
sein. Eine Postkarte innerhalb Europas kostet 35 Cent.

Was kostet wie viel?

Kaffee	**60 Cent** in der Stehbar für eine Tasse Kaffee
Museum	**1–1,30 Euro** Eintritt für eine Person
Wein	**70 Cent** für ein Glas Wein
Thermalbad	**1,40–2,40 Euro** Eintritt für eine Person
Benzin	**80 Cent** für einen Liter Super
Bus	**35 Cent** für eine Fahrt in Bratislava

PREISE & WÄHRUNG

Die Währnungseinheit ist die Slowakische Krone (Sk, *Slovenská koruna*),
unterteilt in 100 Heller (h, *halier*).
Die Slowakei ist im Hinblick auf
Gastronomiepreise (etwa ein Drittel
des deutscher Niveaus) und Frei-
zeitaktivitäten wie Besichtigungen,
Baden und Sport (etwa die Hälfte
und weniger) ein relativ günstiges
Reiseland. Bei Hotels und Pensionen sind die Preise nur um etwa 20
Prozent niedriger als bei uns.

SCHIFFSVERKEHR

Außer den Ausflugsschiffen auf
dem Orava-Stausee und der Liptovská Mara verkehren Schiffe nur
auf der Donau zwischen Wien, Bratislava und Budapest. Info: *Slovenská plavba, Fajnorovo nábr. 2,
Tel. 02/529 32-224 (-226), Fax
52 93 22 31, www.lod.sk*

STROM

220 Volt Wechselstrom, europäische Standardsteckdosen.

TAXI

Taxifahren ist relativ günstig, doch
leider gibt es viele unehrliche Fahrer.
Am besten vorher fragen, was die
Fahrt kosten wird. Und es ist immer besser, ein Taxi telefonisch
(z. B. über die Rezeption) zu bestel-
len, als auf der Straße einzusteigen.
Fragen Sie an der Rezeption auch,
ob es sich um ein ehrliches und zu-
verlässiges Unternehmen handelt,
das man für Sie herbeiruft.

TELEFON & HANDY

Öffentliche Telefonzellen funktio-
nieren fast nur noch mit Karten, die
es an Kiosken und in Postämtern
gibt. Vorwahl in die Slowakei

00421, nach Deutschland 0049, nach Österreich 0043, in die Schweiz 0041. Der Spaß der Einheimischen am Handy sorgt dafür, dass Sie in der Slowakei in kein Sendeloch fallen – außer vielleicht in sehr abgelegenen Gegenden.

TRINKGELD

Es ist üblich, Trinkgeld zu geben. Dabei sollten Beträge im Pub oder Restaurant sinnvoll aufgerundet werden, ohne gleich ein in Euro angemessenes Trinkgeld zu zahlen.

ÜBERNACHTUNG

Die Situation der Hotellerie hat sich in den vergangenen Jahren zum Besseren gewendet. Viele neue, auch familiär geführte Betriebe (Pensionen) sind hinzugekommen. Leider haben auch die Preise fast Westniveau erreicht, ohne dass in jedem Fall westeuropäischer Standard erreicht wird. Die Unsitte, von

westlichen Besuchern einen höheren Zimmerpreis zu verlangen, sollte sich mit dem EU-Beitritt erledigt haben. Dies verbieten zumindest die EU-Richtlinien. Günstig sind noch Privatunterkünfte (6–9 Euro pro Person, Auskunft bei den offiziellen Infobüros).

ZEIT

Es gilt die MEZ, die von März bis Oktober ebenfalls auf Sommerzeit umgestellt wird.

ZOLL

Bei der Ausreise aus der Slowakei dürfen Sie 200 Zigaretten oder 50 Zigarren, 1 l Schnaps und 2 l Wein sowie 50 g Parfum und 250 ml Toilettenwasser pro Person ausführen (für die Einfuhr gelten dieselben Regelungen). Devisen und Slowakische Kronen sind bis zu einem Wert bzw. der Summe von 150 000 Sk nicht meldepflichtig.

Wetter in Bratislava

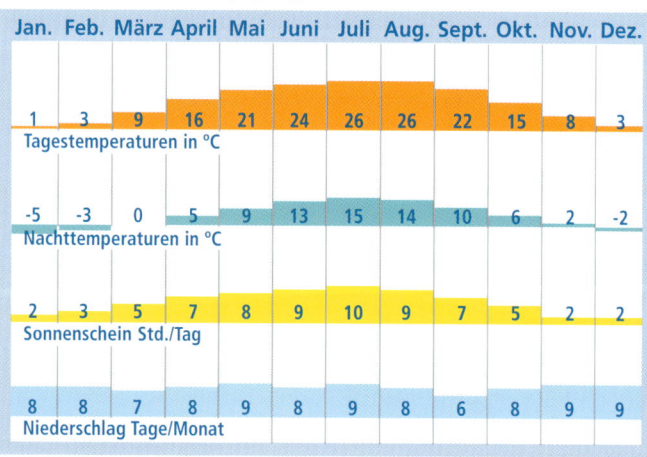

	Jan.	Feb.	März	April	Mai	Juni	Juli	Aug.	Sept.	Okt.	Nov.	Dez.
Tagestemperaturen in °C	1	3	9	16	21	24	26	26	22	15	8	3
Nachttemperaturen in °C	-5	-3	0	5	9	13	15	14	10	6	2	-2
Sonnenschein Std./Tag	2	3	5	7	8	9	10	9	7	5	2	2
Niederschlag Tage/Monat	8	8	7	8	9	8	9	8	6	8	9	9

Hovoríš po slovensky?

»Sprichst du Slowakisch?«
Dieser Sprachführer hilft Ihnen, die wichtigsten
Wörter und Sätze auf Slowakisch zu sagen

Zur Erleichterung der Aussprache sind alle slowakischen Wörter mit einer einfachen Aussprache (in eckigen Klammern) versehen.

AUF EINEN BLICK

Ja./Nein.	Áno. [aano]/Nie. [nje]
Vielleicht.	Možno. [moschno]
Bitte.	Prosím. [prossiim]
Danke.	Ďakujem! [djakujem]
Vielen Dank!	Ďakujem pekne! [djakujem peknje]
Gern geschehen.	Rado sa stalo. [rado ssa sstalo]
Entschuldigung!	Prepáčte! [prepaatchtje]
Wie bitte?	Ako prosím? [ako prossiim]
Ich verstehe Sie/dich nicht.	Nerozumiem vás/ťa. [njerosumjem waas/tja]
Leider spreche ich kein Slowakisch.	Žiaľ nehovorím po slovensky. [howoriim len maalo po sslowenski]
Können Sie mir bitte helfen?	Môžete mi prosím pomôcť? [muoschetje mi prossiim pomuotstj]
Ich möchte …	Prosil (m.) by som si… [prossil bi ssom ssi]
	Prosila (w.) by som si… [prossila bi ssom ssi]
Das gefällt mir.	Páči sa mi to. [paatschi ssa mi to]
Das gefällt mir nicht.	Nepáči sa mi to. [njepaatschi ssa mi to]
Haben Sie …?	Máte …? [maatje]
Wie viel kostet es?	Koľko to stojí? [kolko to sstojii]
Wie viel Uhr ist es?	Koľko je hodín? [kolko je hodjiin]

KENNENLERNEN

Guten Morgen!	Dobré ráno! [dobree raano]
Guten Tag!	Dobrý deň! [dobrii djenj]
Guten Abend!	Dobrý večer! [dobrii wetscher]
Hallo! Grüß dich!	Ahoj, zdravím ťa! [ahoj sdrawiim tja]
Ich heiße …	Volám sa … [wolaam ssa]
Wie heißen Sie/heißt du?	Ako sa voláte/voláš? [ako ssa wolaatje/wolaasch]

Wie geht es Ihnen/dir?	Ako sa máte/máš? [ako ssa maatje/maasch]
Danke. Und Ihnen/dir?	Ďakujem a vy/ty? [djakujem a wi/ti]
Auf Wiedersehen!	Dovidenia! [dowidjenja]
Tschüss!/Bis bald!	Ahoj! [ahoj]/Do vi! [dowi]

UNTERWEGS

Auskunft

links/rechts	vl'avo [wlawo]/vpravo [wpravo]
geradeaus	priamo [priamo]
nah/weit	blízko [bliissko]/d'aleko [djaleko]
Bitte, wo ist …	Prosím, kde je … [prossiim gdje je]
… der Hauptbahnhof?	… stanica? [sstanjitsa]
… der Flughafen?	… letisko? [letjissko]
Wie weit ist das?	Ako d'aleko je to? [ako djaleko je to]
Ich möchte … mieten.	Rád (m.)/rada (w.) by som si najal (m.)/najala (m.) … [raad/rada bi ssom ssi najal/najala …]
… ein Auto …	… auto [auto]
… ein Fahrrad …	… bicykel [bicykel]

Panne

Ich habe eine Panne.	Mám poruchu. [maam poruchu]
Würden Sie mir bitte einen Abschleppwagen schicken?	Poslali by ste mi prosím odt'ahovací voz? [posslali bi stje mi prossiim odtjahowatsii wos]
Wo ist hier in der Nähe eine Werkstatt?	Kde je tu v blízkosti nejaká dielňa? [gdje je tu w bliiskosstji njejakaa djelnja]

Tankstelle

Wo ist die nächste Tankstelle?	Kde je najbližšia benzínová pumpa? [gdje je najblischja bensiinowaa pumpa]
Ich möchte … Liter …	Prosím si … litrov … [prossiim ssi … litrou …]
… Normalbenzin.	… normálneho benzínu. [normaalneho bensiinu]
… Super.	… super. [ssuper]
… Diesel.	… dieslu. [diislu]
… bleifrei.	… bezolovnatého. [besolownateeho]
… verbleit.	… olovnatého. [olownateeho]
Voll tanken, bitte.	Plnú prosím. [plnuu prossiim]

Unfall

Hilfe!	Pomoc! [pomots]
Achtung!	Pozor! [posor]
Vorsichtig!	Opatrne! [opatrnje]
Rufen Sie bitte …	Zavolajte prosím … [sawolajtje prossiim]
… einen Krankenwagen.	… sanitku. [ssanitku]

… die Polizei.
… die Feuerwehr.
Es war meine/Ihre Schuld.

Geben Sie mir bitte Ihren
Namen und Ihre Anschrift.

… políciu. [poliitsiju]
… požiarnu službu. [poschjarnu ssluschbu]
Bola to moja/vaša vina.
[bola to moja/wascha wina]
Dajte mi prosím vaše meno a adresu.
[dajtje mi prossiim wasche meno a adressu]

ESSEN/UNTERHALTUNG

Wo gibt es hier …
… ein gutes Restaurant?

… ein typisches Restaurant?

Gibt es hier eine gemütliche
Kneipe?
Reservieren Sie uns bitte
für heute Abend einen
Tisch für vier Personen.

Auf Ihr Wohl!
Bezahlen, bitte.

Kde je tu … [gdje je tu]
… dobrá reštaurácia?
[dobraa reschtauraatsia]
… typická reštaurácia?
[tipitskaa reschtauraatsia]
Kde je tu nejaká príjemná krčma?
[gdje je tu nejakaa priijemnaa krtschma]
Rezervujte nám prosím na dnes večer
jeden stôl pre štyri osoby.
[reserwujtje naam prossiim na dnjess
wetscher jeden sstuol pre schtiri ossobi]
Na zdravie! [na sdrawje]
Platiť prosím. [platjitj prossiim]

EINKAUFEN

Wo finde ich …
… eine Apotheke?
… eine Bäckerei?
… ein Kaufhaus?
… ein Lebensmittelgeschäft?

… den Markt?
geöffnet
geschlossen

Kde nájdem … [gdje naajdem]
… lekáreň? [lekaarenj]
… pekáreň? [pekaarenj]
… obchodný dom? [obchodnii dom]
… obchod s potravinami?
[obchod ss potrawinami]
… trh? [trch]
otvorené [otworenee]
zatvorené [satworenee]

ÜBERNACHTUNG

Können Sie mir bitte …
empfehlen?
… ein Hotel
… eine Pension
Haben Sie noch
Zimmer frei?
… ein Einzelzimmer

… ein Doppelzimmer

Môžete mi prosím odporučiť …
[muoschetje mi prossiim odporutschitj]
… nejaký hotel? [njejakii hotel]
… nejaký penzión? [njejakii pensioon]
Máte ešte voľné izby?
[maatje eschtje wolnee isbi]
… jednoposteľovú izbu?
[jednoposstjelowuu isbu]
… dvojposteľovú izbu
[dwojposstjelowuu isbu]

... mit Dusche/Bad	... so sprchou/s kúpel'ňou?
	[so ssprchou/ss kuupelnjou]
... für eine Nacht	... na jednu noc [na jednu noz]
... für eine Woche	... na jeden týždeň [na jeden tiischdjenj]
Was kostet das Zimmer	Kol'ko stojí izba ...
mit ...	[kolko stojii isba]
... Frühstück?	... s raňajkami? [s ranjajkami]
... Halbpension?	... s polopenziou? [ss polopensjou]

Arzt

Können Sie mir einen guten Arzt empfehlen?	Môžete mi odporučit' dobrého lekára? [muoschetje mi odporutschitj dobreeho lekaara]
Ich habe hier Schmerzen.	Mám tu bolesti. [maam tu bolestji]

Bank

Wo ist hier bitte ...	Kde je tu prosím .... [gde je tu prossiim]
... eine Bank?	... banka? [banka]
... eine Wechselstube?	... zmenáreň? [smenaarenj]
Ich möchte ... Euro (Schweizer Franken) in slowakische Kronen wechseln.	Potrebujem vymenit' ... Euro (švajčiarske franky) na slovenské koruny. [potrebujem wimenjitj ... Euro (schwajtschiarsske franki) na sslowenskee koruni]

Post

Was kostet ...	Čo stojí ... [tscho stojii]
... ein Brief ...	... list ... [lisst]
... eine Postkarte ...	... pohl'adnica ... [pohladnjiza]
... nach Deutschland?	... do Nemecka? [do njemezka]

ZAHLEN

0	nula [nula]		12	dvanást' [dwanaasstj]
1	jeden [jeden]		20	dvadsat' [dwatssatj]
2	dva [dwa]		21	dvadsat'jeden [dwatssatjeden]
3	tri [tri]		50	pät'desiat' [pätdjessiat]
4	štyri [schtiri]		100	sto [ssto]
5	pät' [pätj]		101	stojeden [sstojeden]
6	šest' [schesstj]		200	dvesto [dwessto]
7	sedem [ssedjem]		1.000	tisíc [tjissiiz]
8	osem [ossem]		10.000	desat'tisíc [djessatjissiiz]
9	devät' [djewätj]			
10	desat' [djessatj]		1/2	polovina [polowina]
11	jedenást' [jedenaasstj]		1/4	štvrtina [schtwrtjina]

Reiseatlas Slowakei

Die Seiteneinteilung für den Reiseatlas finden Sie auf dem hinteren Umschlag dieses Reiseführers

Mit freundlicher Unterstützung von

total relaxed in den urlaub: einsteiger-übung

1. lehnen sie sich entspannt zurück und gleiten sie in gedanken zu den cleveren angeboten von holiday autos. stellen sie sich vor, als weltgrösster vermittler von ferienmietwagen bietet ihnen holiday autos

   - mietwagen in über 80 urlaubsländern
   - zu äusserst attraktiven preisen

2. vergessen sie jetzt die üblichen zuschläge und überraschungen. dank

   - alles inklusive tarife
   - wegfall der selbstbeteiligung
   - und min. 1,5 mio € haftpflichtdeckungssumme (usa: 1,1 mio €)

   steht ihr endpreis bei holiday autos von anfang an fest.

3. nehmen sie ganz ruhig den hörer, wählen sie die telefonnummer **0180 5 17 91 91** (12cent/min), surfen sie zu **www.holidayautos.com** oder fragen sie in ihrem reisebüro nach den topangeboten von holiday autos!

kein urlaub ohne

holiday autos

18 26 Autobahn mit Anschlussstellen
Motorway with junctions

Autobahn in Bau
Motorway under construction

Mautstelle
Toll station

Raststätte mit Übernachtung
Roadside restaurant and hotel

Raststätte
Roadside restaurant

Tankstelle
Filling-station

Autobahnähnliche Schnell-
straße mit Anschlussstelle
Dual carriage-way with
motorway characteristics
with junction

Fernverkehrsstraße
Trunk road

Durchgangsstraße
Thoroughfare

Wichtige Hauptstraße
Important main road

Hauptstraße
Main road

Nebenstraße
Secondary road

Fernverkehrsbahn
Main line railway

Autozug-Terminal
Car-loading terminal

Bergbahn
Mountain railway

Kabinenschwebebahn
Aerial cableway

Sessellift
Chair-lift

Eisenbahnfähre
Railway ferry

Autofähre
Car ferry

Schifffahrtslinie
Shipping route

Landschaftlich besonders
schöne Strecke
Route with
beautiful scenery

Alleenstr. Touristenstraße
Tourist route

XI-V Wintersperre
Closure in winter

× × × × Straße für Kfz gesperrt
Road closed to motor traffic

8% Bedeutende Steigungen
Important gradients

Für Wohnwagen nicht
empfehlenswert
Not recommended
for caravans

Für Wohnwagen gesperrt
Closed for caravans

Kóściol farny Sehenswürdigkeit
Object of interest

Badestrand
Bathing beach

Besonders schöner Ausblick
Important panoramic view

Ausflüge & Touren
Excursions & tours

Nationalpark, Naturpark
National park, nature park

Sperrgebiet
Prohibited area

Kirche
Church

Moschee
Mosque

Kloster
Monastery

Schloss, Burg
Palace, castle

Ruinen
Ruins

Leuchtturm
Lighthouse

Turm
Tower

Höhle
Cave

Ausgrabungsstätte
Archaeological excavation

Feriendorf
Tourist colony

Motel
Motel

Jugendherberge
Youth hostel

Allein stehendes Hotel
Isolated hotel

Berghütte
Refuge

Campingplatz
Camping site

Flughafen
Airport

Flugplatz
Airfield

Staatsgrenze
National boundary

Verwaltungsgrenze
Administrative boundary

Grenzkontrollstelle
Check-point

Grenzkontrollstelle mit
Beschränkung
Check-point with
restrictions

PARIS Hauptstadt
Capital

MARSEILLE Verwaltungssitz
Seat of the administration

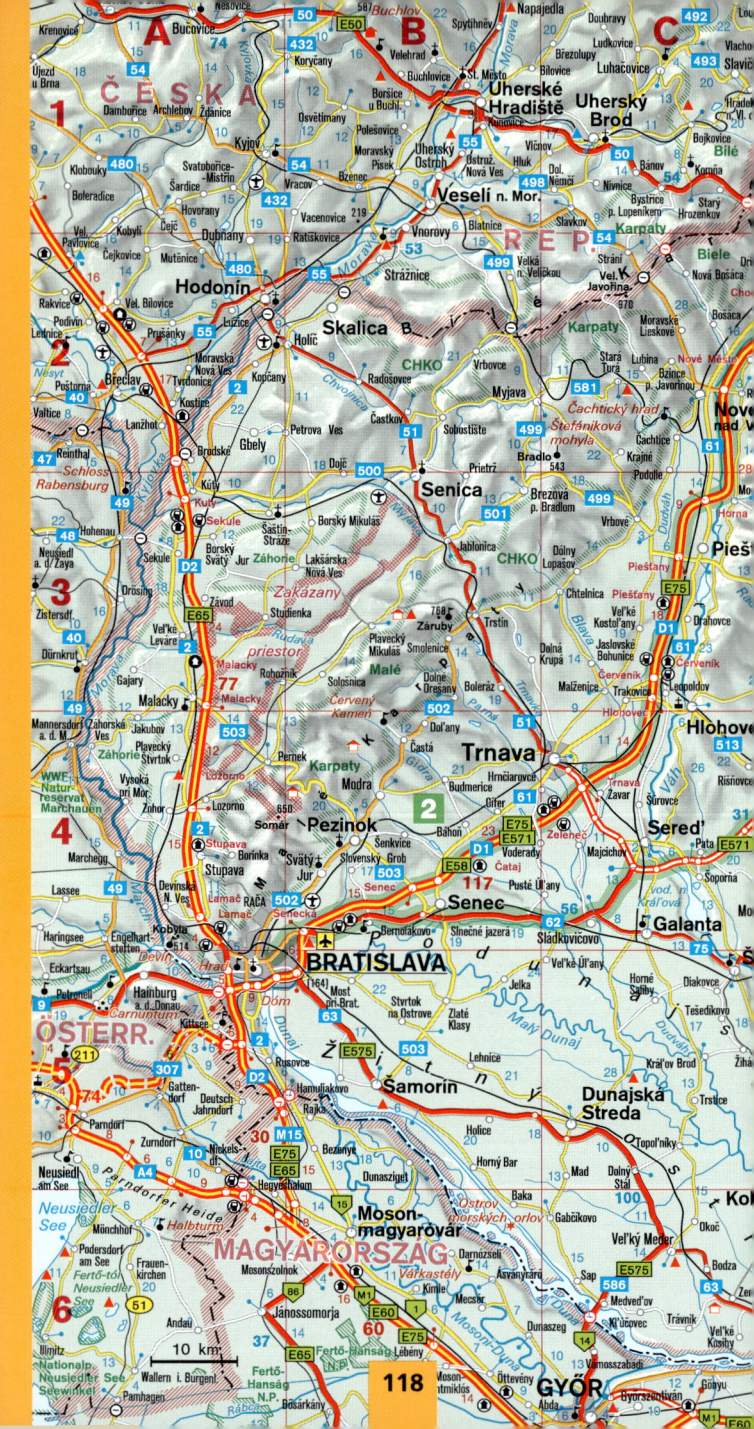

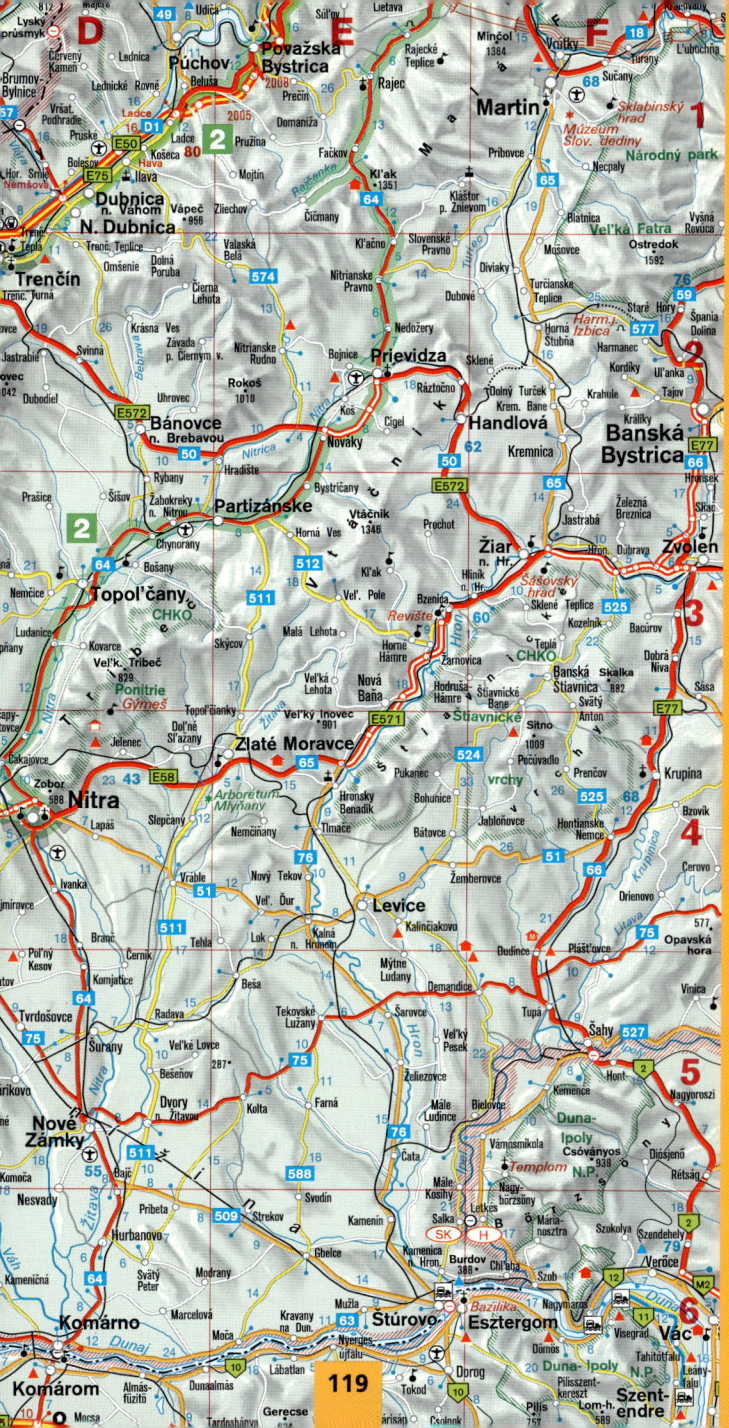

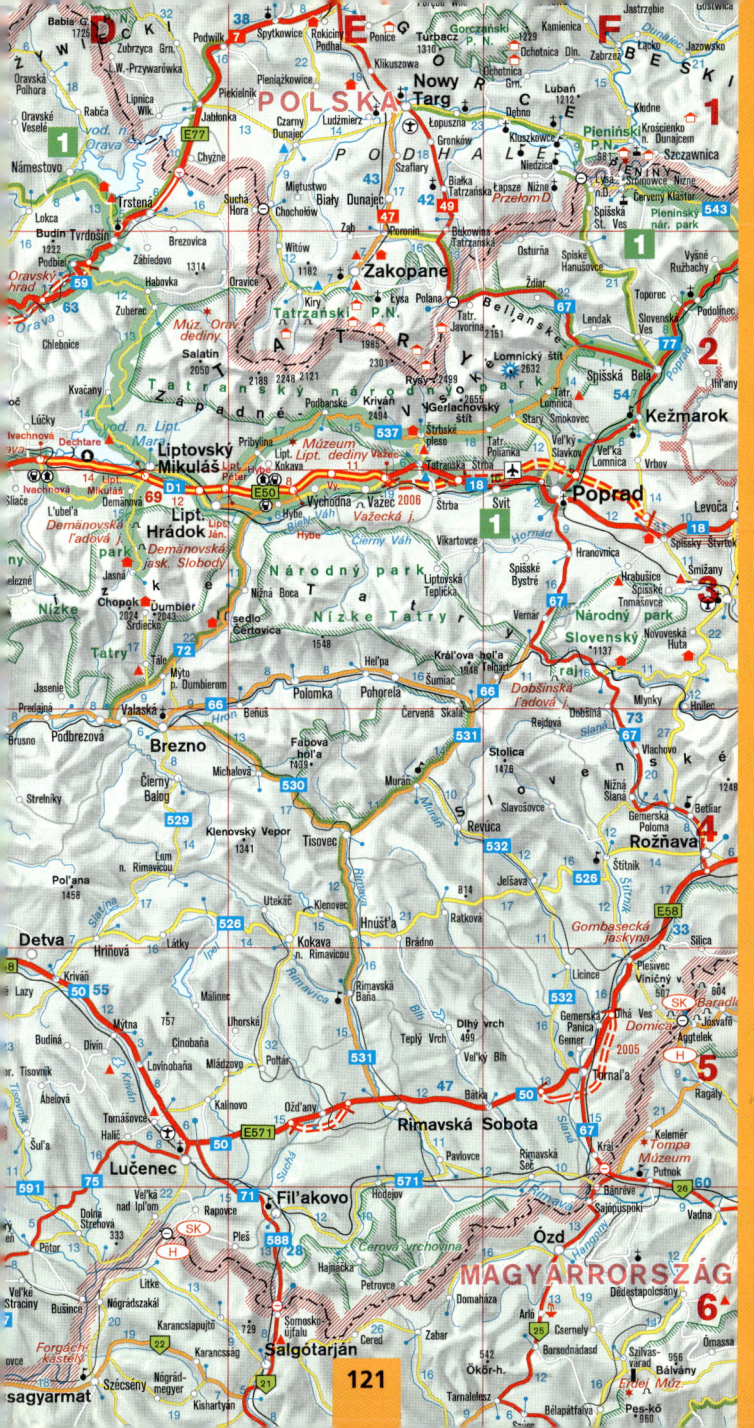

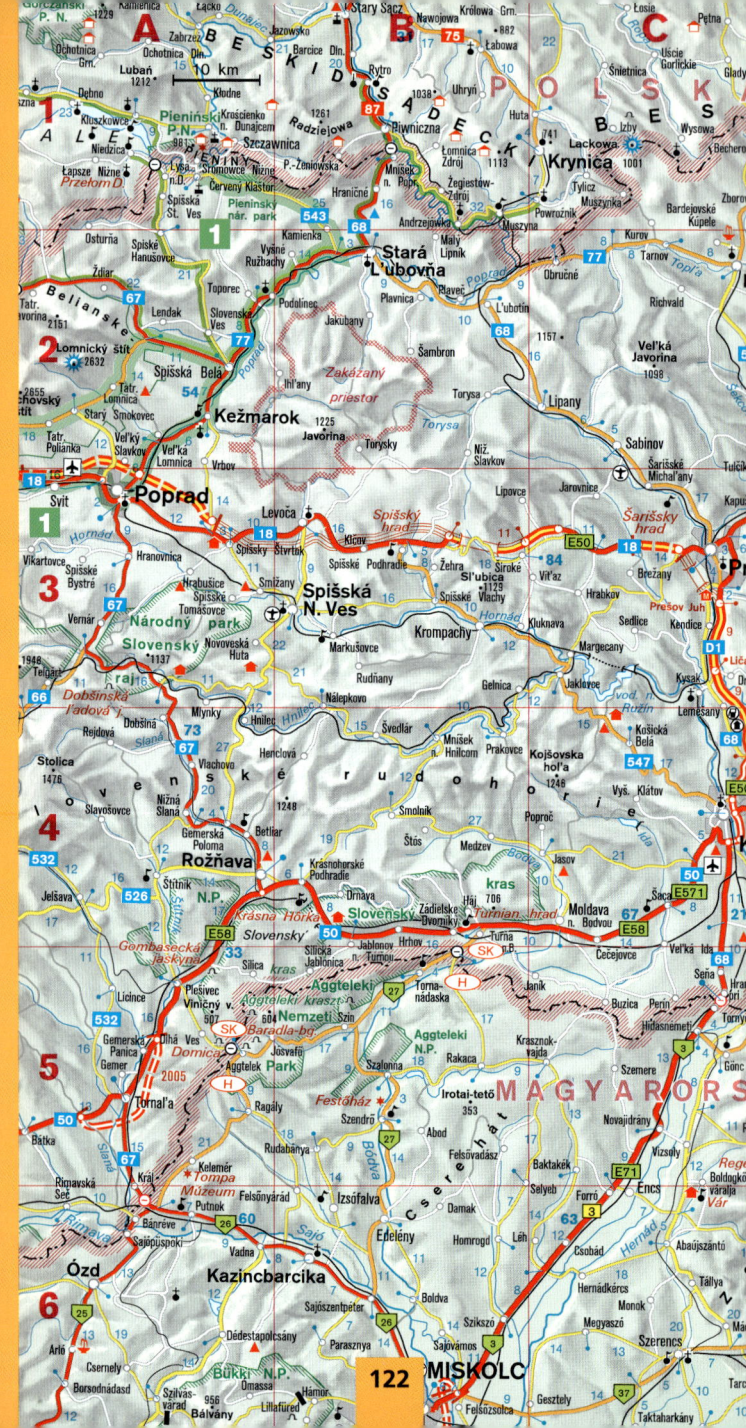

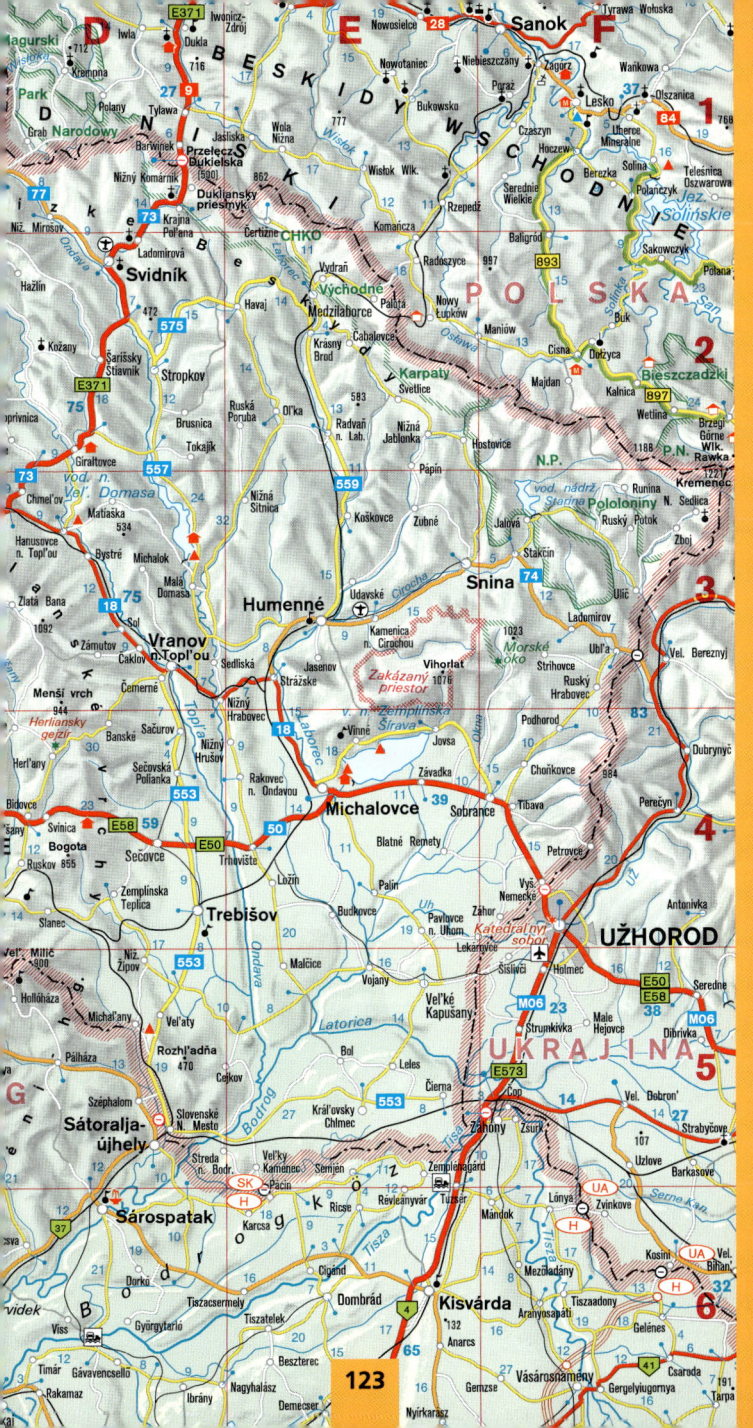

total relaxed in den urlaub: übung für fortgeschrittene

1. schliessen sie die augen und denken sie intensiv an das wunderbare wort „ferienmietwagen zum alles inklusive preise". stellen sie sich viele extras vor, die bei holiday autos alle im preis inbegriffen sind:

- unbegrenzte kilometer
- haftpflichtversicherung mit min. 1,5 mio €uro deckungssumme (usa: 1,1 mio €uro)
- vollkaskoversicherung ohne selbstbeteiligung
- kfz-diebstahlversicherung ohne selbstbeteiligung
- alle lokalen steuern
- flughafenbereitstellung
- flughafengebühren

2. atmen sie tief ein und lassen sie vor ihrem inneren auge die zahlreichen auszeichnungen vorbeiziehen, die holiday autos in den letzten jahren erhalten hat.

sie buchen ja nicht irgendwo.

3. nehmen sie ganz ruhig den hörer, wählen sie die telefonnummer **0180 5 17 91 91** (12cent/min), surfen sie zu **www.holidayautos.com** oder fragen sie in ihrem reisebüro nach den topangeboten von holiday autos!

kein urlaub ohne

holiday autos

MARCO ⊕ POLO

Für Ihre nächste Reise gibt es folgende Titel:

In diesem Register sind alle in diesem Führer erwähnten Orte und Ausflugsziele, sowie wichtige Stichworte und Namen verzeichnet. Halbfette Seitenzahlen verweisen auf den Haupteintrag, kursive auf ein Foto.

Schreiben Sie uns!

Liebe Leserin, lieber Leser,

wir setzen alles daran, Ihnen möglichst aktuelle Informationen mit auf die Reise zu geben. Dennoch schleichen sich manchmal Fehler ein – trotz gründlicher Recherche unserer Autoren/innen. Sie haben sicherlich Verständnis, dass der Verlag dafür keine Haftung übernehmen kann. Wir freuen uns aber, wenn Sie uns schreiben.

Senden Sie Ihre Post an die MARCO POLO Redaktion,
Mairs Geographischer Verlag, Postfach 31 51, 73751 Ostfildern,
marcopolo@mairs.de

Impressum

Titelbild: Floßfahrt auf dem Dunajec (A. Jirousek)
Fotos: Anzenberger (65, 92); P. Hautzinger (33); L. Janicek (2 o.), 61); A. Jirousek (U. l., 1, 5 l., 6, 7, 9, 11, 12, 14, 18, 22, 24, 25, 28, 30, 36, 39, 40, 42, 47, 53, 54, 55, 56, 59, 64, 67, 69, 74, 78, 80, 84, 86, 87, 99, 100, 115); Lade: Paul (94); Mauritius: Mehlig (5 r., 90), Nebe (26); Skupy (U. M., 2 u., 52, 76); transit-Archiv: Rötting (96)

2. (6.), aktualisierte Auflage 2005 © Mairs Geographischer Verlag, Ostfildern
Herausgeber: Ferdinand Ranft, Chefredakteurin: Marion Zorn
Redaktion: Jochen Schürmann, Bildredaktion: Gabriele Forst (Leitung), Carmen Kubitz
Kartografie Reiseatlas: © Mairs Geographischer Verlag/Falk Verlag, Ostfildern
Gestaltung: red.sign, Stuttgart
Sprachführer: in Zusammenarbeit mit Ernst Klett Sprachen GmbH, Stuttgart, Redaktion PONS Wörterbücher

Bloß nicht!

Hier ein paar Tipps, wie Sie in der Slowakei den Tritt ins Fettnäpfchen vermeiden können

Überlegenheit demonstrieren

In postkommunistischen Ländern wie der Slowakei ist trotz erstaunlicher Aufholleistungen in Sachen Lebensstandard vieles noch nicht auf dem Niveau, das Westeuropäer gewohnt sind. Demonstrieren Sie nicht Ihre materielle Überlegenheit. Außerdem: Manches sieht zwar etwas überholt aus, meist tut es seinen Dienst aber ebenso gut wie das neueste Modell eines Markenfabrikats. Überheblichkeit wird negativ vermerkt. Bringen Sie deshalb Ihre Wertschätzung durch ein paar slowakische Alltagsfloskeln zum Ausdruck. In einem kleinen Land, in dem keine »Weltsprache« zu Hause ist, zählt so eine Geste doppelt.

Markierte Wege verlassen

In den Nationalparks ist es sowieso verboten, querfeldein zu laufen oder saisonal gesperrte Wege (in der Brut- und Aufzuchtzeit der Tiere) zu benutzen. Doch auch in den Schutzgürteln der Nationalparks sowie in den übrigen Naturschutzgebieten (CHKO, Chránená krajinná oblasť'), zu denen viele Wanderlandschaften gehören, sollten Sie auf den markierten Wegen bleiben.

Auf den Straßen rasen

Auch wenn relativ leere Autobahnen und manche Landstraßen Sie dazu verleiten könnten: Halten Sie sich an die vorgeschriebenen Tempolimits!. Die slowakische Polizei hat ein wachsames Auge auf Raser und kassiert sofort und saftig.

Mit Straßenschuhen ins Wohnzimmer

Sie mögen es belächeln oder bei sich zu Hause ärgerlich finden: den Anblick vor der Wohnungstür abgestellter Straßenschuhe. Vielleicht ist das der Vorbote einer östlich beeinflussten Lebensart. Denn in Indien oder Japan ist der Privatbereich nahezu heilig, und Straßenschmutz muss draußen bleiben. In der Slowakei wird das zwar nicht ganz so strikt gehandhabt, doch sollten Sie vor dem Betreten eines Privathaushalts die Bereitschaft zum Abstreifen Ihrer Schuhe signalisieren.

Das Auto sorglos abstellen

Ähnlich wie in Südfrankreich oder Süditalien sollten Sie genau darauf achten, wo Sie Ihr Auto abstellen. Leider sind Autodiebstähle immer noch an der Tagesordnung. Am besten sind bewachte Parkplätze (strážené parkovisko), die Sie meist in der Nähe von Kaufhäusern und großen Hotels finden. An frequentierten Plätzen kleinerer Städtchen genügt bei einem kurzen Besichtigungstripp ein möglichst leer geräumtes Auto plus Lenkradkralle. Doch lassen Sie es nachts nie unbewacht!